T0278905

No todos los héroes llevan capa

La extraordinaria historia de
un joven que encontró la felicidad
aceptando sus diferencias

Jono Lancaster

Traducción de Ana Alcaina

VERGARA

Penguin
Random House
Grupo Editorial

Título original: *Not All Heroes Wear Capes*

Primera edición: noviembre de 2023

© 2023, Jono Lancaster
© 2023, Penguin Random House Grupo Editorial, S.A.U.,
Travessera de Gràcia, 47-49. 08021 Barcelona
© 2023, Ana Alcaina, por la traducción

Penguin Random House Grupo Editorial apoya la protección del *copyright*.
El *copyright* estimula la creatividad, defiende la diversidad en el ámbito de las ideas y el conocimiento,
promueve la libre expresión y favorece una cultura viva. Gracias por comprar una edición autorizada
de este libro y por respetar las leyes del *copyright* al no reproducir, escanear ni distribuir ninguna
parte de esta obra por ningún medio sin permiso. Al hacerlo está respaldando a los autores
y permitiendo que PRHGE continúe publicando libros para todos los lectores.
Diríjase a CEDRO (Centro Español de Derechos Reprográficos, http://www.cedro.org)
si necesita fotocopiar o escanear algún fragmento de esta obra.

Printed in Spain — Impreso en España

ISBN: 978-84-19820-02-0
Depósito legal: B-15723-2023

Compuesto en Twist Editors
Impreso en Romanyà Valls, S.A.
Capellades (Barcelona)

VE 2 0 0 2 0

Dedicado a todas aquellas personas que han sentido que su verdadero yo no encaja o no tiene sitio en este mundo.

Os lo prometo: ¡sí que lo tiene!

ÍNDICE

INTRODUCCIÓN

Cuando tenía catorce años, mi madre me daba cinco libras para que fuera a la peluquería mientras ella se iba a hacer «la compra de la semana» a la ciudad. Como el niño bueno que era, yo la acompañaba andando a la parada del autobús, me aseguraba de que se subiera sin problemas y le decía adiós con la mano.

En cuanto el autobús desaparecía al doblar la esquina, con el billete de cinco libras en la mano, en lugar de irme a la peluquería regresaba a casa: sabía muy bien lo que iba a hacer, porque lo había hecho muchísimas veces antes.

Cuando llegaba a casa, que estaba completamente vacía, me iba derecho a la cocina, sacaba las tijeras grandes del cajón de arriba, debajo de la tetera, y me metía en el baño. Me miraba en el espejo y, lanzando un enorme suspiro, empezaba a cortarme el pelo.

Estos son los diez pasos que seguía para hacerme el corte estilo casquete que tanto se llevaba en la Inglaterra de la década de 1990:

1. Inclinar la cabeza hacia la izquierda, de modo que el pelo cuelgue hacia ese lado. Cortar las partes inferiores del lado izquierdo.

2. A continuación, inclinar la cabeza hacia la derecha, para que el pelo cuelgue en la otra dirección. Cortar las partes inferiores del lado derecho. (Ahora ya tenemos los elementos básicos del típico *undercut*, con los laterales más apurados).

3. Pasarse un peine húmedo por el pelo, peinándolo para darle «el punto». Podemos recurrir a una foto de Nick Carter de los Backstreet Boys para que nos sirva de inspiración.

4. ¿Estilo cortinilla o tipo tazón? Ahora es el momento de tomar esa decisión.

5. Si, como yo, optamos por el tazón, ir cortando alrededor de toda la cabeza en línea «recta», muy despacio. Procurar utilizar el peine como guía.

6. Cogemos un espejo pequeño y nos miramos la nuca. Rasurar el vello de la nuca lo más apurado posible. Repetir este paso varias veces.

7. Sonreír al campeón que nos mira desde el espejo y

admirar el pedazo de obra de arte que hemos hecho. A continuación, limpiar el cuarto de baño a conciencia, eliminando cualquier resto de pelo. Echar lejía en el inodoro, fregar la bañera y, ya de paso, sacar brillo al espejo. (Esto es importante, véase el paso 10).

8. No mirarse en el espejo hasta al cabo de seis u ocho semanas.

9. Gastar cinco libras en cromos de fútbol (o en cualquier otro capricho que se nos antoje) e ir a buscar a mamá a la parada del autobús para ayudarla a llevar la compra a casa.

10. Explicar a mamá por qué seguimos yendo a esa peluquería tan cutre y, para cambiar de tema de conversación, decirle que hemos limpiado el baño de arriba abajo para que se quede contenta.

Es probable que ahora mismo estés pensando: «No entiendo nada; pero si en teoría este libro va sobre la autoestima y el amor propio, y no sobre cortes de pelo chungos…», pero no te preocupes, porque la razón por la que seguía todos esos pasos de ahí arriba no era por los cromos de fútbol, ni por las chorradas que pudiese comprarme con esas cinco libras, ni siquiera —lo creas o no—, para limpiar el baño hasta dejarlo como los chorros del oro.

La razón por la que me cortaba el pelo yo mismo era porque me daba miedo ir a la peluquería. Odiaba sentarme en aquel sillón, frente a aquel espejo descomunal, y tener que mirarme a la cara, la misma cara que odiaba más que cualquier otra cosa en el mundo.

Esos eran los sentimientos que dominaron toda mi adolescencia, porque me pasaba la vida pensando: «¿Por qué tengo que tener este aspecto?».

Nací con el síndrome de Treacher Collins, una patología que afecta a 1 de cada 10.000-50.000 personas (aunque algunos casos no llegan a diagnosticarse). Hay casos en los que la enfermedad es hereditaria, pero en el mío se trataba de una «mutación esporádica», es decir, no había antecedentes familiares de Treacher Collins. Por eso, cuando nací, a todo el mundo le sorprendió que tuviera un aspecto diferente.

El Treacher Collins solo afecta a los rasgos faciales y se presenta de forma distinta en cada persona. En mi caso, yo no tengo pómulos, lo que significa que tengo los ojos caídos, de manera que se me deforman hacia abajo. Las orejas no se me han desarrollado del todo, por lo que tengo unas orejas chiquititas estilo Bart Simpson, lo que quiere decir que sufro problemas de audición y tengo que llevar un audífono. Mi mandíbula y mis vías respiratorias superiores también son pequeñas, lo que en mi caso solo significa que ronco cuando duermo, pero otras personas en las que este síntoma es más grave pueden necesitar apoyo para respirar y comer, y tal vez intervenciones quirúrgicas que les ayuden con la vida diaria o incluso para evitar que mueran.

Cuando llegué a la adolescencia y ya me dejaban ir solo a la peluquería, me miraba a la cara y pensaba: «¿Por qué demonios me ha tenido que pasar esto a mí?».

Por suerte, han cambiado muchas cosas en mi vida desde los tiempos en que no me atrevía a ir a la peluquería. Mi cara no ha cambiado, pero mi mundo sí. He pasado de ser alguien consumido por una sensación constante de vergüenza a vivir una vida repleta de autoestima y amor hacia uno mismo, disfrutando de un mundo lleno de matices y colores, rodeado de personas excepcionales y viviendo aventuras verdaderamente épicas.

A lo largo de ese tiempo, he hecho muchísimo trabajo personal, pero también han aparecido personas increíbles en mi vida, tanto desconocidos como amigos y familiares. Me he dado cuenta, gracias a mi experiencia, de que no todos los héroes llevan capa, y la amabilidad, la generosidad y el amor que me han demostrado estas personas me han convertido en la persona que soy hoy.

También hay un héroe sin capa en tu vida en quien quizá nunca hayas reparado verdaderamente hasta ahora: tú mismo. Yo he tardado años (¡y todavía sigo trabajando en ello!) en comprender que puedo ser mi propio héroe, pero ese descubrimiento me ha cambiado la vida. Dedicar tiempo y esfuerzo a quererme más a mí mismo ha transformado mi manera de ver el mundo y no hay duda de que soy una persona mucho más feliz gracias a eso.

Por esa razón quiero compartir mi historia contigo. Aunque no tengas ninguna deformación facial como yo, puede que sientas que no acabas de «encajar» en el mundo. Quizá porque te comportas de una manera que no todo el mundo entiende, o porque te gusta hacer cosas que no se consideran «guais» o que los demás ven «raras». Sea lo que sea y seas quien seas, quiero que veas cómo el amor propio puede mejorar tu vida, y quiero contarte cómo he desarrollado más confianza y autoestima a lo largo de los años, por si estas tácticas también te resultan útiles.

He tenido la suerte de ayudar a familias y personas de todo el mundo a afrontar retos que a veces les dificultaban quererse a sí mismas, y he creado una organización benéfica, de la que hablaré más adelante. Ha sido increíble ser testigo del crecimiento personal de otras personas, y mediante este libro quiero ayudarte a encontrar formas de ganar seguridad en ti mismo, quererte y valorarte.

No quiero que llegues a sentirte nunca tan solo como me sentía yo, y aunque hay días que sigo estando triste, enfadado o dolido, sé que, en el fondo, me quiero a mí mismo, y tú también deberías hacerlo.

NOTA SOBRE MI PRIMER HÉROE

Hay momentos, sobre todo cuando somos muy jóvenes, en los que necesitamos más que nunca que nos guíen, y necesitamos un «héroe» que nos dé el primer empujón. A partir de ahí evolucionamos y podemos convertirnos en nuestro propio héroe.

Dicho esto, antes de convertirme en mi propio héroe, necesitaba que otra persona me diera ese primer empujoncito: resultó ser una señora llamada Jean.

A sus cuarenta años, cuando la conocí, Jean era una mujer bajita, de pelo negro corto y ondulado, y con los ojos castaños. Había formado una familia con dos hijos, se había separado de su marido y vivía en una casa de protección oficial en Yorkshire. Sus hijos ya se habían hecho mayores y se habían marchado de casa, así que empezó a invertir su amor en las personas que más lo necesitaran, en quienes carecían de un hogar y en aquellos que (como yo) no tenían familia.

Jean era una madre de acogida, y acogió a muchos niños en su casa y en su corazón. Fuese cual fuese su origen, los colmaba de abrazos, de cuidados y de amor, y hasta el día de hoy, a pesar de sus ochenta años, sigue haciéndolo. Es la personificación del altruismo, la bondad, el amor y el heroísmo. El mundo está lleno de mujeres extraordinarias e inspiradoras, y me siento increíblemente afortunado por haber conocido a una de ellas a una edad tan temprana.

Gracias a ella, hoy soy el hombre que soy.

Me pusieron en los brazos de Jean cuando tenía dos semanas, mientras los servicios sociales trataban de encontrar a alguien que cuidara de mí porque mis padres biológicos pensaban que lo mejor era seguir caminos separados. Al principio nadie sabía cuál iba a ser mi desarrollo, tanto físico como mental. Había muchos profesionales sanitarios implicados en mi caso, pero pocas palabras o ideas claras sobre lo que me depararía el futuro.

Los servicios sociales transmitieron a Jean toda esa información y le preguntaron si querría ir a visitarme al hospital. A ella le encantaban los bebés, así que la respuesta estaba clara: «Sí, claro que quiero ir a verlo».

«Su aspecto físico no es como el de los demás recién nacidos. Debe prepararse para lo que va a ver», le advirtieron los servicios sociales.

Jean vino a visitarme de todos modos.

Es difícil como persona estar a la altura de Jean, pero lo cierto es que no llega al metro y medio de estatura. Pese a su tamaño, la mayoría de las cosas y las pullas que suele lanzar la gente apenas la rozan, así que ante palabras como esas ni siquiera se inmuta, por lo que Jean me conoció en el hospital cuando solo tenía catorce días, me vio y no pudo evitar esbozar una sonrisa. Preguntó a las enfermeras si podía cogerme en brazos, estas le respondieron que sí y me depositaron en ellos. En ese momento sintió una conexión, un vínculo especial, se volvió hacia las enfermeras y preguntó: «¿Cuándo podré llevármelo a casa?».

Jean me acogió a lo largo de los cinco años siguientes, y ella, sus hijos biológicos mayores (Claire y Stephen) y el resto de su familia me atendieron y cuidaron de mí en todos los aspectos: llevándome a las visitas al hospital, a la guardería, a jugar con otros niños, cambiándome los pañales malolientes… se encargaron de absolutamente todo. Me ofrecieron la base más sólida para crecer, pero lo más importante es que me brindaron una segunda oportunidad de formar parte de una familia.

Vivíamos en una casa de protección oficial de tres dormitorios en West Yorkshire, en un pueblecito llamado Featherstone, famoso por su liga de rugby y sus boinas con visera. Era la clase de lugar donde todos se conocen, y desde luego, todos nos conocían a nosotros: la casa con todos esos niños, al frente de la cual estaba una heroína sin capa.

En casa, mamá siempre dormía abajo, en el sofá. Yo ocupaba una habitación con literas que solía compartir con otro de los niños que mamá tenía en acogida. El otro dormitorio era para las chicas, para que gozasen de intimidad, y mamá tenía su propia habitación, pero por alguna razón nunca la utilizaba. (Se convirtió más bien en una especie de almacén para guardar todas nuestras cosas, porque mamá no tiraba nunca nada. En esa habitación había viejos informes escolares, recortes de periódicos de nuestros partidos, fotos del colegio, cunas de repuesto, juguetes viejos para todas las edades, ropa, trofeos de nuestros clubes deportivos de fin de semana. Era un auténtico baúl del tesoro de nuestros recuerdos).

En nuestra calle vivían muchas familias jóvenes, así que casi siempre se veía a los niños jugando fuera. Las casas estaban agrupadas de cuatro en cuatro en una misma hilera, con callejones estrechos a ambos lados por los que pasar de la parte delantera a la de atrás. Teníamos tres pe-

queñas parcelas de césped en la parte trasera, a las que lla-
mábamos Wembley, Old Trafford y Elland Road porque
eran nuestros campos de fútbol. También teníamos unos
huertos al final de la calle, rodeados de árboles en los que
construíamos nuestras cabañas y guaridas.

Aquella era nuestra casa, nuestro hogar, el lugar donde
sentirnos seguros.

Entré en el proceso de adopción cuando tenía cuatro años, pero debido a que Jean no tenía ingresos, tampoco casa propia y a que estaba divorciada, los servicios
sociales eran reacios a entregarme legalmente a ella y su
familia. Sin embargo, después de una intensa lucha y a
que volcaron en mí una inmensa cantidad de amor, me
adoptaron de forma oficial el 18 de mayo de 1990. Tuve la
suerte de encontrar a mi familia para el resto de mi vida
y me convertí en un Lancaster. Lo celebramos con una
fiesta y aún hoy seguimos conmemorando tan señalada
fecha.

Jean fue la persona que me permitió empezar de cero
en el mundo. Aunque el objetivo de este libro es que
aplaudas tus logros como persona y que te sirva de guía
para que reconozcas hasta qué punto eres verdaderamente especial, cuando somos niños a menudo necesitamos
que nos enseñen qué es el amor.

A lo largo de todo el libro encontrarás consejos y ejercicios que he ido utilizando durante estos años para ayudarme a construir mi propia versión de qué es la autoestima para mí. Los incluyo en las páginas de mi historia por si te resultan útiles a ti también.

Para empezar, dedica un momento a pensar quién te demostraba amor y te trataba con ternura y cariño cuando eras pequeño. ¿Les has dado las gracias alguna vez? ¿Les has expresado tu reconocimiento? Pues hazlo ahora: anota el nombre de los primeros héroes de tu vida y envíales tu amor y tu reconocimiento. Como adultos a veces nos olvidamos de las personas que nos apoyaron cuando éramos más jóvenes.

Si todavía sigues en contacto con ellos, ¿qué te parece si les envías una pequeña nota de agradecimiento?

1

AH, PERO ¿SOY DIFERENTE?

Cuando pienso en el pasado, me doy cuenta de que de niño no sabía que mi físico era diferente al de los demás. En cierto modo, eso era maravilloso: disfrutaba plenamente de mi infancia sin tener que preocuparme por nada, y vivía como si «encajara» con el resto de mis compañeros de clase. Sin embargo, eso también significaba que no hacía nada por reforzar la confianza en mí mismo, porque no sabía que tuviese que hacer algo.

Como adulto, puede ser muy tentador intentar recrear esa sensación infantil de no saber a qué dificultades te enfrentas. Puede que quieras volver a esos días en los que no te dabas cuenta de que tenías temas que solucionar, ni siquiera te dabas cuenta de que eras diferente de los demás. Podemos hacer la vista gorda ante nuestros problemas como estrategia de evasión, pero si no nos enfrentamos nunca a ellos, dichos problemas pueden acabar saliendo a la superficie y explotándonos en las narices más adelante, causando incluso más daño y más traumas aún que si los hubiéramos abordado cuando tocaba, cosa que puede resultar demoledora cuando pensamos que tenemos una vida completamente estable y plácida. De pronto pensamos: «Y eso, ¿de dónde ha salido? Ah, es por toda esa mierda que ignoré hace años…».

No es algo que hiciese a propósito cuando era más joven, pero, definitivamente, no sabía lo que me esperaba a lo largo de los siguientes años.

Cuando miro atrás, siempre supe que era adoptado. No hubo un momento concreto en el que alguien se sentara delante de mí y me lo dijera; que yo recuerde, siempre lo había sabido, y durante mi primera infancia me lo explicaron de un modo sencillo, con palabras que yo era capaz de entender. Mamá me contaba que me había conocido en el hospital, que había hablado con Claire y Stephen (ahora mis hermanos) y que todos habían decidido que podía ir a vivir con ellos. Luego me explicaba que algunos padres llegan a serlo por distintos medios y de formas distintas, y que aquella había sido la nuestra. Esa historia me encantaba: ¡era nuestra historia!

Cada año celebrábamos el aniversario de mi adopción con una fiesta. Mamá invitaba a todos mis amigos, me preparaba una tarta y me daban regalos; era una auténtica celebración. Era como si tuviera dos cumpleaños al año, con dos tandas de regalos (¡y eso era algo superguay para un niño!). Esa era mi vida normal.

Así que por eso nunca me sentí fuera de lugar por el hecho de ser adoptado y, en realidad, ni siquiera me sentía diferente en cuanto al aspecto de mi cara. No veía ni pensaba que fuera diferente, algo que debo en gran parte a mi madre, pues me trataba como a todos los demás y elogiaba mis cualidades, centrándose en mi forma de ser específica. También elogiaba las cualidades de los demás según su forma de ser, a su vez única y exclusiva. Acogía a niños con todo tipo de necesidades especiales: algunos eran autistas y otros iban en silla de ruedas. Todos éramos diferentes e iguales al mismo tiempo, y gracias a eso crecí con toda naturalidad, aplaudiendo quién y cómo era.

Ahora tengo claro que mamá quería que disfrutara de la inocencia de ser niño mientras pudiera. Quizá ya intuía todas las cosas negativas que me deparaba el futuro y quería que estuviera preparado para ello, pero creo que también quería que no tuviese miedo de él. No puedo ni imaginar la presión a la que debía de estar sometida y la lucha emocional que debía de estar librando en su interior, pero mi madre nunca rehuía las preguntas ni los comentarios que le hacía sobre mi origen o mi aspecto. Comprendía cómo me sentía, reflexionaba sobre la pregunta y luego me respondía. Tiene un corazón tan grande que puede comprender todo lo que le digas.

En la guardería y luego en la escuela primaria, todo el mundo sabía quién era yo y tenía muchos amigos. Era Jono, uno de los niños de la clase.

De pequeño, me encantaba jugar en la calle, haciendo mezclas y pócimas con el agua que cogía de una alcantarilla que había justo delante de casa. Construíamos unas guaridas épicas con los objetos que encontrábamos en la calle, junto a los huertos. Nos fabricábamos pistolas de juguete con palos y jugábamos a los soldados, corriendo por los callejones y gritando «¡pum, pum!» mientras nos disparábamos unos a otros.

Y los partidos de fútbol en «nuestros» campos... ¡eran auténticos partidazos, victorias gloriosas en el último minuto!

Cuando no estaba en la calle, me pasaba el resto del tiempo en mi habitación jugando con el ordenador. Me quitaba los audífonos cuando mamá me gritaba que ordenara la habitación o cuando quería jugar quince minutos más con la Nintendo: «¡Lo siento, mamá, no te había oído!».

Esa era la normalidad para mí. Hasta cogí la costumbre de quitarme los audífonos cada vez que tenía miedo, como si el hecho de no poder oír lo que fuera que me asustaba significase que no existía. (En cierto modo, creo que eso es bastante cierto en la vida real, ¿no?).

Estoy seguro de que durante esa época ocurrieron muchas cosas negativas a mi alrededor, solo que yo no las veía porque no era consciente de ellas. No las buscaba, no las sentía, ni siquiera sabía que existían.

He aprendido ya de adulto, gracias a mi organización benéfica, que tuve una suerte excepcional de ser así. Ahora paso mucho tiempo con padres primerizos que tienen hijos con diversas necesidades médicas, y las conversaciones que mantengo con ellos suelen ser demoledoras.

Una experiencia común que expresan todos ellos es que, desde el momento del parto, muchos profesionales sanitarios, ya sea de forma intencionada o no, impiden a los progenitores establecer un vínculo afectivo con un niño médicamente dependiente en esos primeros momentos. Se llevan al bebé y les dicen: «No se preocupen», o «no miren», y luego susurran a sus colegas: «¿Aparecía algo en las ecografías?». Eso deja a los padres confusos y, sobre todo, asustados. «¿Qué le pasa a mi bebé? ¿Por qué no me dejan verlo?».

Esos primeros momentos de nuestra vida son un importante punto de conexión que a menudo suele descuidarse y que, en ocasiones, se niega a los padres con un hijo dependiente por razones de salud.

Ahora no puedo evitar preguntarme qué ocurrió cuando nací. ¿Cómo me presentaron a mis padres biológicos? ¿Qué les dijeron? ¿Qué vínculos afectivos pudieron establecer en las horas que estuvieron conmigo?

Durante los primeros años de nuestra vida, nuestros tutores, nuestros padres, las personas que nos crían, lo ven y lo sienten todo y, de alguna manera, nos protegen como por arte de magia de todo el dolor. Mi madre lo hizo muy bien, pero sé que no es fácil. De nuevo, en las conversaciones con padres primerizos, oigo y entiendo que estén preocupados por si su hijo va a poder salir a jugar a la calle o no, por si le van a hacer *bullying* en el colegio, por que no le invitan a fiestas de cumpleaños o por que otros padres o adultos les pregunten: «¿Qué le pasa a tu bebé?».

Todo lo anterior me hace valorar y agradecer aún más el hecho de haber crecido sin sentir nada de eso. Quizá una pequeña parte de mí desearía que mi madre me hubiera hablado de algunas de las cosas que sentía. Como seres humanos nos parece normal hablar de las cosas positivas, pero por desgracia no lo es hablar de las cosas que nos molestan o nos producen ira o tristeza.

Hay que normalizar esas conversaciones desde una edad mucho más temprana, y si hubiese sido así en mi caso, quizá no me habría sentido tan culpable cuando por fin me abrí y verbalicé lo que sentía. Quizá no habría rechazado a quienes intentaron ayudarme, porque entonces habría sido normal para mí hablar de todo eso y pedir ayuda.

Sin embargo, nuestros padres y tutores no están preparados para nada de eso, de manera que hacen un trabajo maravilloso orientándonos y protegiéndonos con todo el amor del mundo. Un amor y una fortaleza que estoy seguro de que ni siquiera sabían que tenían.

A partir de este momento, quiero que intentes normalizar todos los sentimientos que experimentas y, si estás en un espacio seguro, compártelos con los que te rodean. Deja de pedir perdón por «cortar el rollo» y deprimir a la gente. Sí, es verdad que puede haber momentos mejores que otros para hablar de ciertos temas, pero, por favor, empieza a compartir las cosas negativas igual que proclamarías a los cuatro vientos las positivas cuando hablas con alegría de que las cosas te van genial.

Quiero que te pares a pensar en la semana pasada y que apuntes algunas cosas que crees que podrías/deberías haberles dicho a las personas que te rodeaban, pero no lo hiciste porque no era el momento o no tenías el estado de ánimo adecuados.

Y ahora hazte la siguiente pregunta: ¿te habrían escuchado?

¡Lo más seguro es que sí! Te habrían escuchado, y si hubieses necesitado algún consejo o alguna información, es más que probable que te hubiesen ayudado.

Así que vamos a intentar adquirir la costumbre de hablar. A veces, basta con decir las cosas en voz alta para ayudarnos a procesarlas, y a veces lo mejor es compartirlas con los demás con la esperanza de que nos ofrezcan alguna orientación o su ayuda.

Trata de recordarlo la próxima vez que experimentes sentimientos negativos, ¿vale?

Además del día a día y de ir al colegio, tenía que acudir a muchas visitas médicas relacionadas con el síndrome Treacher Collins. Entre estas estaban las consultas de otorrinolaringología (oído, nariz y garganta) en las que un profesional de la salud examinaba la estructura y el desarrollo de mi cráneo para evaluar la calidad de mi audición y mi respiración. Y tenía que ir al logopeda, ya que mis problemas auditivos me provocaban retrasos en la facultad del habla, y tenía que someterme a pruebas periódicas para evaluar lo que podía oír y lo que no. De nuevo, esa era mi normalidad: yo pensaba que todo el mundo tenía que ir a visitas con el médico constantemente. Los demás niños que vivían con nosotros también iban, eso seguro.

Sin embargo, las visitas médicas eran una verdadera lata. Tenía que faltar al cole, solía ser los días que hacíamos educación física (me encantaba la clase de gimnasia), y el trayecto hasta Londres implicaba levantarse a las cinco de la mañana para coger el tren de las seis hacia el sur. Mamá incluso pedía al colegio que me pusiera deberes para hacerlos durante el trayecto y, por lo visto, siempre tenían que ser de matemáticas (yo odiaba las matemáticas). Mi único consuelo por tener que ir en tren era que en algún momento del trayecto me dejaban comerme una pizza de *pepperoni* para microondas de la cafetería (me encantaba la pizza).

Al cabo de dos horas, los deberes de matemáticas ya estaban hechos, la pizza en plena digestión en el estómago y habíamos llegado a Londres.

Íbamos directos al hospital. Una vez allí, mientras mamá se dirigía a la recepción, yo esperaba poder disfrutar de cinco minutos jugando con la maquinita electrónica de conducción de autobuses que había en la entrada principal. Me daba mucha rabia ver que ya había alguien jugando. «Vamos, date prisa. ¡Ahora me toca a mí!».

La visita con el logopeda solía ser lo primero. Un profesional sanitario de Londres se sentaba delante de mí y, con su extraño acento sureño, decía unas palabras y yo tenía que repetirlas. Por culpa de su acento y de mis problemas de audición, muchas veces adivinaba las palabras por pura chiripa, pero luego me decían: «Muy bien, Jono. Ahora vamos a hacer lo mismo, solo que me voy a poner de espaldas a ti». «Oh, no... ¡Me han pillado!», pensaba. ¡Leer los labios era mi superpoder secreto y ahora ya no podría hacerlo! La sesión continuaba con el logopeda de espaldas a mí, yo seguía intentando adivinar las palabras y al final acababa convencido de estar diciendo palabras que ni siquiera aparecían en el diccionario.

Pero cuando terminábamos, no hacían más que elogiar mi esfuerzo y salía de allí con una enorme sonrisa de satisfacción. «¡Lo he clavado!», pensaba. A continuación venían las pruebas de audición. Después de explicarme los siguientes pasos, me pedían que me quitara los audífonos y en su lugar me daban unos auriculares gigantes que pesaban un montón para mi pequeña cabecita. Los auriculares estaban conectados a una máquina y lo único que tenía que hacer era escuchar... ¡mientras trataba por todos los medios de que no se me cayera el enorme cacharro de la cabeza!

Entonces pulsaban un botón que emitía un sonido a través de los auriculares a distintas frecuencias y, cuando oía ese sonido, tenía que trasladar un bloque de madera de una cesta a otra. De niño, era divertido; de adolescente, en cambio, era la cosa más patética que había tenido que hacer jamás.

Lo más desquiciante era que el volumen empezaba a una frecuencia muy alta, tan alta y obvia que trasladaba el bloque de madera con total confianza. «¡Lo estoy haciendo superbién!», pensaba. A continuación, el volumen bajaba cada vez más y más. Con los sonidos más bajos, la cabeza me hacía todo tipo de jugarretas, y hasta el día de hoy sigue haciéndolo. Cuando todo a mi alrededor está en silencio, a veces mi cabeza llena el silencio de ruido. Hay veces que estoy en la cama con el audífono apagado, a punto de quedarme dormido, cuando de repente oigo que suena una alarma. Me despierto y me pongo el audífono, pero no hay ninguna alarma, solo silencio.

Así que, durante esas pruebas auditivas, cuando emitían los sonidos con frecuencias bajas me preguntaba: «¿Eso ha sido un sonido de verdad o solo está en mi cabeza?». Oía un zumbido, pulsaba el botón y esperaba al siguiente sonido antes de pensar que estaba oyendo un nuevo zumbido. «No voy a apretar el botón todavía por si el sonido no es real». Pero resultaba que hacía mucho rato que no pulsaba el botón, por lo menos diez segundos, y la persona que me hacía la prueba se me quedaba mirando fijamente. «¿No será que tengo que pulsarlo ya?». De modo que en vez de hacer una prueba de audición, acababa participando en una especie de juego de adivinar… ¡cuyo premio era un audífono calibrado a la perfección según mis resultados auditivos personales y «exactos»!

Cuando no estaba haciéndome pruebas, estaba sometiéndome a alguna operación quirúrgica. Mi madre siempre me hacía partícipe de esas decisiones y discusiones, pero la regla general era que si con la operación iba a mejorar mi salud, pasaría por el quirófano. Cuando se trataba de operaciones estéticas, me preguntaban qué me parecían. Todavía era un niño, por lo que no entendía muy bien la importancia de la cirugía para mejorar mi cara, así que decía: «No, si mi cara está estupenda». Que yo supiera, nunca había pasado nada malo por culpa de mi cara, era feliz e inocentemente ajeno a las repercusiones de su aspecto. ¡Si hasta me gustaba la forma de mis orejillas!

Aunque me gustaban mis orejas, de pequeño tenía que llevar los audífonos sujetos con una cinta para el pelo. Como llevaba el pelo rapado al cero, lógicamente, odiaba tener que llevar aquella ridícula diadema. Me rozaba la piel y me resultaba incómoda. ¡Ah, se me olvidaba hablar de cuando llovía! Recuerdo que mi madre tenía unas redecillas de plástico como las que llevaban las viejecitas y me obligaba a ponérmelas. «¡Anda ya, mamá!». Necesitaba ganar puntos de popularidad y eso no ayudaba en absoluto.

A medida que fui creciendo y mi cráneo fue haciéndose más fuerte y más grueso, los médicos decidieron ponerme un audífono incrustado en el hueso, lo que básicamente implicaba taladrar el costado de la cabeza para colocar un tornillo próximo a la oreja, con el extremo asomando. Una vez cicatrizada la herida, el audífono quedaría sujeto al tornillo como si fuese un botón de presión y listo: adiós a las diademas y a los gorros de plástico cada vez que lloviese. A partir de entonces bastaría con una capucha normal para impedir que aquel audífono más discreto se mojase. Qué felicidad...

Sin embargo, para llevar a cabo aquella operación había que volver a Londres, lo que significaba más mates y más pizza. La verdad es que a mí me encantaban los días de hospital: podía jugar a la Nintendo y me trataban a cuerpo de rey. Incluso tuve mi primer flechazo en el hospital: una enfermera llamada Rachel me regalaba cromos de fútbol y durante su turno nos los cambiábamos y los pegábamos en nuestros álbumes de cromos. Me parecía la persona más guay del mundo, y ese sencillo acto de amabilidad me ha acompañado desde entonces.

Recuerdo que tenía prohibido comer o beber antes de las operaciones. Me frotaban las manos con una crema anestésica, me insertaban unas cánulas y luego me inyectaban un líquido verde que me inducía el sueño. Me dejaban elegir un juguete para llevarlo conmigo cuando me bajaban al quirófano y, teniendo en cuenta la limitada selección del hospital, siempre elegía a Skeletor, el archienemigo de He-Man.

Recuerdo estar tumbado en la camilla del hospital, viendo desfilar el techo sobre mi cabeza, oyendo hablar a gente y viendo la cara de algún adulto asomarse a mirarme y sonreír, todo mientras sujetaba en la mano mi figurita de Skeletor. No tenía miedo ni estaba nervioso, simplemente, aquella era mi vida.

En aquella ocasión me desperté con unas fuertes ganas de hacer pis. «Necesito ir al baño», dije con tono urgente. En ese momento no me importaba nada más, solo necesitaba orinar, así que intenté levantarme, pero enseguida me dijeron: «Túmbate, Jonathan, aún es muy pronto. Ahora te traeremos un orinal». Me dieron el orinal, pero a mí no me gustaba nada la idea de tener que hacer pis ahí. Después de estar un buen rato haciendo aspavientos, me armé de valor para hacerlo en el orinal (¡o tal vez tenía tantas ganas que ya no podía aguantármelo más!) y pude relajarme por fin. Después de esa odisea, me tranquilicé y me noté las vendas alrededor de la cabeza, la boca reseca y los rugidos en el estómago. No veía a Skeletor por ninguna parte y me di cuenta de que tenía hambre. El personal sanitario me trajo leche con chocolate y pasta con tomate, como siempre, y entonces supe que todo estaba en orden.

Al final vino el cirujano y nos dijo que la operación había ido bien y que al día siguiente ya podría ir a casa. Una vez se curara la herida, tendría que volver al hospital y después de la revisión ya podría llevar mi audífono nuevo.

Así que hice reposo y cambié más cromos con Rachel, la enfermera. El último paso después de las visitas quirúrgicas era la retirada de la cánula. Después de quitarme las tiras de esparadrapo, me ponían unos pegotes de crema en la mano y eso era lo único que no podía soportar de todo aquel proceso, la crema: no podía verla ni en pintura. Todavía hoy me siento incómodo cuando la gente usa crema para la piel.

Al final, con el tiempo, me colocaron unos audífonos nuevos y pensé que eran lo más. Oía muchísimo mejor y con mucha más claridad, pero es que además era mucho más guay no tener que llevar la diadema.

Después de cada visita médica en Londres, ya fuese para hacerme pruebas, una operación o una revisión rutinaria, recogíamos nuestras cosas y nos dirigíamos a la ventanilla de la administración. Era una sola ventanilla en un pasillo blanco y yo me sentaba en una silla a ver cómo mi madre recogía todos los recibos para intentar reclamar algunos gastos del viaje.

Vivíamos en una vivienda de protección oficial y, como mi madre no tenía trabajo, íbamos muy justos de dinero, a pesar de que vivíamos en el norte, donde las cosas no eran tan caras. Así que un viaje a Londres, donde los precios son aún más altos, nos dejaba el bolsillo hecho polvo. En la economía doméstica de los Lancaster, hasta el último céntimo contaba. Yo no era consciente de eso de niño, y siempre estaba ansioso por ver qué nueva aventura nos tenía preparada mamá.

En el hospital mi madre me indicaba que era hora de irnos y yo cogía mi abrigo. Ella recaudaba el dinero que pudiese recuperar y luego nos marchábamos.

Como mamá intentaba ahorrar todo lo posible, después de nuestras visitas en el hospital de Great Ormond Street aprovechábamos para visitar algún sitio guay de la capital: Covent Garden, Piccadilly Circus, Harrods, museos, pizzerías… no había límite, y lo hacíamos todo en metro.

Guardo muchos y muy gratos recuerdos de los artistas callejeros de Covent Garden, de ver todos los anuncios en Piccadilly Circus, de intentar encontrar el juguete más barato en Harrods, de visitar museos con una sala llena de estrellas y de probar las mejores pizzas de Londres.

Hacia las siete de la tarde volvíamos a la estación de King's Cross y cogíamos el tren de las ocho de vuelta al norte. Más mates y —sí, lo has adivinado—: ¡una última pizza! Llegábamos a casa sobre las diez de la noche, los dos completamente destrozados, pero yo feliz y con unas ganas locas de contarle mi viaje a todo el mundo. ¡Había valido la pena faltar a la clase de educación física!

Una vez de vuelta en el cole, les contaba a mis profesores y compañeros que había estado en Londres. Les relataba mis nuevas aventuras e incluso les hablaba de mis audífonos, que se adaptaban mágicamente a mi audición gracias a esos resultados tan «precisos».

Cuando los niños del cole me preguntaban por mis últimos audífonos, les hablaba de ellos y les enseñaba el nuevo modelo. Lo que más les impresionaba era el tornillo de oro que me habían insertado en la cabeza. Incluso fingía que podía usarlos como calculadora y decía que si se me mojaban, eso provocaría una explosión que destrozaría la escuela. En los primeros años del colegio es más fácil impresionar a los compañeros. La imaginación ayuda muchísimo en cuestiones de convivencia, ¿no te parece?

Cuando pienso en el pasado, me doy cuenta de que vivía mi vida con naturalidad, con mucho amor y alegría.

El amor y la alegría deberían formar parte natural de la vida, sobre todo cuando somos niños.

¿Habrías comido pizza en todas las comidas si hubieras podido? ¿Tú también estabas obsesionado con la educación física y los álbumes de cromos? ¿O te habrías inventado una mentirijilla sobre provocar una explosión en tu cole?

Piensa en tu infancia y en lo que te gustaba de ti cuando eras niño. ¿Qué manías tenías? ¿A qué jugabas? ¿Qué historias te inventabas? ¿Qué recuerdos de tu infancia te hacen sonreír hoy?

Y ahora te planteo otra pregunta: esas cosas que antes te encantaban, ¿por qué ya no las haces? ¿Qué te impide compartir y revivir esas peculiaridades de las que antes te sentías orgulloso?

A medida que nos hacemos mayores, nuestra vida puede volverse una cosa muy estresante y muy seria. Si pudiéramos pararnos un momento de vez en cuando para volver a ser niños, ¡creo que sería la mejor forma de tomarnos un respiro de todo lo que hacemos como adultos!

> Si alguna vez me ves por ahí, te darás cuenta de que, en el corazón, sigo siendo un niño grande, ¡y sigo aplaudiendo todas mis peculiaridades!

Para otros, no era solo mi físico lo que era diferente. Mi educación también era diferente. Mi casa y mi familia eran diferentes de las de mis compañeros del colegio. No conocía a nadie más que se pasase la vida ingresando y saliendo del hospital. Tampoco conocía a nadie que viviera en un hogar de acogida cuyos ocupantes podían cambiar de un año para otro.

Incluso cuando los niños me preguntaban por qué mi madre era tan mayor o por qué no tenía padre, mi respuesta era: «Mamá no está casada, y cuando nací me dejaron en un hospital. Vino a visitarme y, de todos los niños que había allí, me eligió a mí. Vuestras madres y vuestros padres no tuvieron más remedio que quedarse con vosotros, pero mi madre me eligió a mí, y eso es lo más guay del mundo».

No pensaba que no tener padre fuera algo malo, simplemente era algo que yo no tenía. Tampoco era para tanto, yo no conocía otra cosa. Sin embargo, más adelante, cuando fui consciente de lo que era un padre o de lo que creía que aportaría a mi vida el hecho de tener uno, eso me causó mucho sufrimiento: otro ejemplo de algo que me hizo daño en el momento en que fui consciente de su existencia.

En el fondo, no saber lo que me deparaba la vida era algo bueno. Mamá siempre me decía que era guapo, y yo me lo creía. Creó un entorno positivo para mí y para todos quienes vivían con nosotros, y gracias a eso yo aplaudía mi vida y quién era.

También me preguntaban muchas veces quiénes eran todos esos niños que vivían con nosotros y qué les pasaba cuando se iban de nuestra casa. Yo les contestaba alegremente que eran mis hermanos y hermanas de acogida, y que algunos se habían reunido con sus familias biológicas, otros habían sido adoptados y otros se habían ido a otro hogar de acogida.

No puedo expresar lo afortunado que me siento por haber tenido esa seguridad familiar en mi vida. No quiero ni pensar dónde estaría sin Jean.

Supongo que fui consciente de mis diferencias a medida que fui haciéndome mayor, pero entonces, en aquel momento, esas diferencias me encantaban. Me entusiasmaba destacar y tener mis peculiaridades.

Mi madre siguió acogiendo niños, y la casa siempre estaba llena de gente, de vida y, a veces, de episodios dramáticos.

Hacíamos todas las actividades extraescolares que había en el mundo y los fines de semana mamá siempre nos asignaba tareas domésticas a todos, pero a pesar de tener a cuatro niños encargándose de ellas, la casa solía estar hecha un desastre.

Cuando teníamos que ir a algún sitio, salir de casa era como llevar a cabo una operación militar. Sí, llegábamos tarde a todas partes, pero seguíamos una rutina específica antes de salir por la puerta. Seguíamos un orden establecido para ir al baño o al aseo de la planta baja; cada uno tenía su propio desayuno y su uniforme, dependiendo del colegio al que fuéramos; y salíamos de casa siguiendo un caos organizado.

Recuerdo las vacaciones escolares justo antes de ir al instituto. Estaba muy emocionado por empezar en otro colegio. Teníamos un uniforme escolar nuevo y había que llevar una chaqueta azul. Yo nunca me había puesto una chaqueta de ese estilo, y ni siquiera tenía una. Teníamos que cosernos el parche con la insignia del colegio en el bolsillo delantero de la chaqueta. El uniforme completo consistía en una camisa blanca, pantalón negro y corbata azul y blanca. Todos teníamos zapatos, abrigos y mochilas nuevos, y elegimos cuidadosamente los estuches y las carpetas más chulos que encontramos.

Luego se acabaron las vacaciones escolares y empezó el instituto.

Fue entonces cuando las cosas empezaron a cambiar.

A medida que fui haciéndome mayor, notaba que la gente se me quedaba mirando. En el colegio veía que los niños mayores me señalaban, se reían, hacían comentarios e incluso había algún que otro juego en el patio del tipo «sal corriendo y huye de él porque lleva la peste y te contagiará su enfermedad». Para mí, era como si aquel cambio en la actitud de mis compañeros hubiese surgido de repente, de la nada más absoluta, y fue totalmente inesperado. Parecía que era ayer cuando les impresionaba con mis audífonos explosivos y ahora resultaba que era una especie de enfermedad infecciosa, un monstruo, la persona menos guay del colegio. Empecé a percibir aquella actitud en todas partes, y llegaba incluso a buscarla, como si estuviera ojo avizor, en un estado de alerta máxima.

Uno de los peores momentos, cuando pensaba «¡no, mierda!», tenía que ver con los autobuses escolares locales.

La zona donde vivía era conocida con el sobrenombre de «los cinco pueblos», y esos pueblos tenían autobuses escolares que recorrían toda la zona, recogían a los niños en su calle, los dejaban en el colegio por la mañana y seguían la ruta inversa cuando terminaban las clases, por la tarde.

Siempre habían estado ahí, pero lo cierto que no vi ni percibí de verdad todos esos autobuses hasta que empecé el instituto.

Al cabo de un tiempo nos acostumbramos a la rutina matutina y salíamos de casa a distintas horas, encontrándonos por el camino cada uno con nuestros amigos. De camino a la escuela, veía los autobuses haciendo sus paradas.

Nunca podré olvidar un autobús de dos pisos en el que iban unos niños con las camisas amarillas de su uniforme del colegio. Era como si el autobús me tuviese localizado en todo momento y siempre elegía los peores momentos para pasar por mi lado.

Estaba esperando a que apareciera el hombrecillo verde en el semáforo para cruzar la calle cuando el gigantesco vehículo de dos pisos se detuvo en el semáforo y el autobús escolar entero se me quedó mirando. Los niños golpeaban las ventanillas y se estiraban hacia abajo la piel de debajo de los ojos, literalmente todo el mundo se reía de mí. Era como si yo fuese una atracción de feria y sus ventanillas fueran el mirador desde el que observarme.

Odiaba ese autobús y me daban ganas de correr a esconderme cada vez que lo veía.

Eso era antes incluso de que empezaran las clases, así que básicamente se trataba de mi primera interacción del día con el mundo exterior: «¡Buenos días, Jonathan, y vete a la mierda!».

Durante mis primeros años de juventud, recuerdo conversaciones con mi madre en las que me explicaba que, cuando fuera mayor y estuviera en un bar, tal vez la gente no sería amable conmigo, pero mi respuesta siempre había sido: «No, eso no va a pasar». Hasta el primer ciclo de secundaria no me entraba en la cabeza que alguien pudiese ser cruel conmigo, a pesar de las advertencias maternas. Ahora, al comprender al fin qué había querido decir con aquello, sentía todo el peso de sus palabras aplastándome como una avalancha.

Las primeras señales fueron algunas interacciones en el recreo, pero no tardé en advertir las miradas y oír cada vez más y más comentarios dondequiera que fuese, incluso en los lugares a los que me encantaba ir. Era como si fuesen cada vez peores, pedruscos cada vez más y más grandes que iban rodando hacia mí, hasta que un buen día me encontré completamente sepultado bajo una oleada de odio y desprecio hacia mí mismo. El chico que hasta entonces había sido un chaval despreocupado y seguro de sí mismo sentía que el peso del juicio de la sociedad le aplastaba el corazón, y eso me llevó a preguntarme: ¿por qué?

La inocencia de vivir en la ignorancia había desaparecido.

Las cosas que hasta ese momento había valorado y aplaudido junto a todos los que me rodeaban no tardaron en convertirse en motivo de vergüenza.

Ese fue el momento en que realmente necesitaba empezar a trabajar mi autoestima y afrontar nuevos retos, desentrañar los sentimientos que estaba experimentando, hablar de mis emociones, aprender a valorarme de nuevo, pero ¿por dónde empezar? ¿Quién podía servirme de guía? Me puse a buscar por todas partes y a rezar para que tanto mi madre como yo tuviésemos días felices y seguros por delante.

NO TODOS LOS HÉROES LLEVAN CAPA, PERO NO TODOS LOS VILLANOS LUCEN CICATRICES

Cuando empecé a buscar orientación y esperanza, me fijaba en los medios que me rodeaban, desde los videojuegos de ordenador hasta las películas; los busqué, los observé y aprendí mucho de ellos.

Hollywood nos ha inculcado que los villanos tienen por lo general un aspecto físico feo y desfigurado. Los malos de las pelis de James Bond suelen lucir cicatrices, y hasta el villano de *El rey león*, por ejemplo, se llama Scar, que significa «cicatriz». Hay numerosos ejemplos en los que tener algún rasgo facial diferente se percibe como algo malo: ha pasado algo malo que te ha causado dolor y rabia, y estás dispuesto a destruir el mundo a causa de esos sentimientos. Eso es tremendamente falso, tremendamente perjudicial, y para mí, como adolescente, tuvo un impacto tremendo.

Buscaba esperanza y solo encontré derrota.

Esta tendencia también me llevó, de manera equivocada, a ver el bien en la gente «bien parecida», cuando lo cierto es que un villano puede parecer perfectamente una persona atractiva. Pueden estar bien equipados para la vida. Son villanos porque saben cómo ejercer el poder sobre los demás en beneficio propio. Es muy importante saber reconocer eso, porque en nuestro afán por encajar y conectar con los demás, debemos darnos cuenta de que las personas más deslumbrantes, más populares y carismáticas podrían no ser el modelo al que deberíamos aspirar.

Esto es algo que no supe ver cuando era un adolescente.

Ya como adulto, soy consciente de que me queda mucho camino aún para sanar mis heridas, y a veces me resulta más fácil no hacer caso de determinados sentimientos.

Procuro evitar algunos detonantes: por ejemplo, no escucho canciones que me traigan recuerdos o sentimientos desagradables. Soy muy consciente de que hay periodos de mi vida para los que no tengo la capacidad de curar las heridas que me dejaron o de hacer el trabajo personal que sería necesario, así que lo que hago es tratar de crear cierta sensación de felicidad, de no pensar en ellos, de ocupar mi mente, de intentar no adentrarme en ellos porque sé que me van a hacer daño.

Sin embargo, la clave para mí ahora consiste en asegurarme de no examinar algo difícil para mí hasta que me sienta preparado para ello. A veces necesito un empujón, pero consigo explorar los sentimientos, sentarme cara a cara con el dolor y hacer todo el trabajo necesario, ya que ignorarlo puede parecer más fácil en ese momento, pero suele explotar en las narices más adelante.

¿Hay alguna emoción, situación o incluso alguien a quien estés ignorando en estos momentos? ¿Cuáles son esas situaciones o quiénes son esas personas? ¿Por qué las ignoras?

¿Cuál es el siguiente paso que vas a seguir para enfrentarte a esas situaciones o personas?

Visualizar determinadas situaciones o pensar en ellas puede servir de ayuda. Por ejemplo, yo mismo he visualizado lo que haría si un niño me viera y preguntara a su madre o a su padre: «¿Qué le pasa a ese hombre en la cara?». He ensayado ese momento, lo he experimentado y ahora siento que esa situación es más manejable, estoy más preparado por si ocurre. Podemos aplicar esa misma técnica a muchas situaciones de nuestra vida.

Por último, ¿qué es lo que te causa estrés y cómo lo controlas?

Cuando nos enfrentamos a una situación estresante, a menudo no completamos el ciclo del estrés, que es lo que hay que hacer. Por ejemplo, cuando un león persigue a una cebra, esta echa a correr y, una vez a salvo, completará su ciclo de estrés sacudiendo todo su cuerpo para liberar todo ese estrés.

Nosotros podemos hacer lo mismo: después de una situación estresante podemos poner nuestras canciones favoritas y sacudir el cuerpo, bailar, saltar, mover la cabeza y soltar toda la adrenalina.

El movimiento o el ejercicio también funcionan, así como el aseo personal, como cepillarse el pelo o hacerse un masaje. Todo ello puede ayudarte a completar tu propio ciclo de estrés.

Una situación estresante a la que me enfrento a menudo es la de hablar en público en algún acto o en escuelas. No importa las veces que lo haya hecho, son situaciones que siempre me producen estrés, y en cuanto terminan me entran unas ganas insoportables de irme a dormir, lo cual hace que me sienta aún peor. Ahora he adoptado la costumbre de moverme después de hablar en público: salgo a andar, voy al gimnasio o hago algunas posturas de yoga.

No lo olvides: después de una situación estresante: ¡sacúdete como una cebra!

2

¿POR QUÉ A MÍ?

Después de pasar por un suceso traumático o perturbador, ¿alguna vez te has hecho las siguientes preguntas: «¿Por qué yo? ¿Por qué me ha tenido que pasar esto a mí? ¿Qué he hecho yo para merecer esto?».

La pregunta de «¿por qué a mí?» se apoderó de mi vida durante mi adolescencia, invadiendo a todas horas todos mis procesos de pensamiento.

Los «¿por qué?» no comenzaron realmente hasta que llegó la época del instituto. El mío, que se llamaba Featherstone High, estaba dividido en dos ciclos, uno superior y otro inferior, y cuando empecé, las dos primeras semanas solo asistían los dos primeros cursos. Estaba con mis amigos, tenía como compañeros a los chicos que había visto en los entrenamientos de fútbol y rugby. Esas dos semanas no hubo ningún problema, pero pasaron rápido y luego se incorporaron los tres cursos superiores.

A partir de ese momento conocí a muchos otros chicos que nunca me habían visto antes y sentían curiosidad por mí, por no decir otra cosa. Seguía teniendo a mis amigos. También perdí algunos amigos por el camino, cosa que me dolió, pero hice nuevos amigos.

Un pequeño apunte para mí mismo: siempre he sabido cómo hacer amigos, ¡a veces se me olvida!

Durante ese tiempo, mi madre siguió acogiendo a otros niños, pero ahora iban a escuelas especiales en taxi, así que cuando empecé el instituto, aquel ejército de niños que antes me acompañaba al colegio había desaparecido y tenía que enfrentarme yo solo a los autobuses escolares.

Mamá me llevaba a los clubes de actividades extraescolares: fútbol, rugby, natación, buceo e incluso —aun con mi cabezón bamboleante sobre aquel cuerpecillo escuálido— a hacer levantamiento de pesas. Todo eso me ayudó en el instituto, pues mucha gente de mi curso ya me conocía de esas actividades.

Mi madre seguía valorándome y aplaudiéndome, pero a mí empezó a costarme mucho valorarme durante los años de la escuela secundaria.

A veces, después de un día especialmente duro en el instituto, me metía en mi habitación, cerraba la puerta y me plantaba delante para que no entrara nadie. Juntaba las manos, cerraba los ojos y me ponía a rezar. No sabía a quién me dirigía, no sabía en qué creía, pero rezaba pidiendo que alguien me protegiera, que la gente fuese buena y amable conmigo y que algún día las cosas me fueran bien.

Aquello me infundía esperanza.

Sin embargo, los días en el instituto eran duros y tenía que librar una lucha diaria contra los chicos mayores; se portaban fatal conmigo y empecé a experimentar cosas que nunca había vivido ni entendido hasta entonces.

Los mayores no dejaban de tirarse hacia abajo la piel de debajo de los ojos para imitar la forma de los míos; pasaban por mi lado y se doblaban las orejas hacia delante, de nuevo para imitarme. Luego se burlaban de mí hablando de mis padres biológicos, se reían de mí porque nací en Halloween, se inventaban rimas y canciones sobre mí y las cantaban delante de todo el mundo.

Aquello fue muy muy duro, y no estaba mentalmente preparado para nada de eso.

Luego empecé a advertir las mismas conductas en las actividades extraescolares, y también los fines de semana. Era como si las miradas burlonas y la negatividad se hubiesen colado en cada rincón de mi vida.

Después de clase, solía ir con un amigo a un club de buceo. Allí me sentía como pez en el agua, literalmente, nadando sin parar. Me saqué todas las insignias de socorrismo y luego fui avanzando hasta sacarme el certificado de esnórquel y buceo de inmersión. Lo que más me gustaba era que después me daban un surtido de caramelos de los de veinticinco peniques. Siempre me sobraban unos cuantos, porque la madre que llevaba el puesto de caramelos sentía debilidad por mí.

En clase de esnórquel, fui haciéndome con todas las insignias en función de los distintos niveles que iba alcanzando y disfrutaba muchísimo. Incluso hice un viaje al norte y empecé a bucear en aguas abiertas.

Sin embargo, las cosas cambiaron cuando un chico mayor se apuntó a clase. No tardó en meterse conmigo, me pellizcaba debajo del agua, me metía el dedo por el tubo de buceo, me quitaba la máscara y me agarraba de las aletas. Lo odiaba con toda mi alma. En los vestuarios, hablaba abiertamente de mí delante de todos y me preguntaba en voz alta: «¿Por qué te adoptaron, dices?»; «¿por qué tienes ese aspecto?»; «¿qué te ha pasado en la cara?».

Todas las semanas me hacía las mismas preguntas, modificando un poco la formulación de las frases, y me tocaba la fibra sensible porque eran cosas que yo mismo me preguntaba y que aún estaba tratando de asimilar.

No le conté a nadie lo que estaba pasando. Mi mecanismo de defensa consistía en llegar pronto, evitarle, darme una ducha rápida después e irme pronto de allí.

En las piscinas de mi barrio, el agua estaba muy fría, así que las duchas calentitas de después, sobre todo en invierno, eran maravillosas.

Una tarde en que hacía mucho frío, después de una dura clase de buceo, esa ducha caliente me sentó especialmente bien y perdí la noción por completo del tiempo. Entonces vi a todos los demás salir de la piscina, incluido el chico mayor. Me entró el pánico y corrí a mi taquilla, la abrí, cogí mi ropa antes de estar seco del todo y empecé a vestirme. Demasiado tarde: el chaval en cuestión ya estaba en el vestuario.

Mientras me ponía los pantalones, le oí decir: «Oye, dinos otra vez por qué tienes esa pinta, anda».

Le ignoré.

Se acercó a mí y hasta su sombra me dominó por completo.

Me hizo otra pregunta:

«¿La razón por la que te adoptaron es por tu cara?».

Aquel día había oído esa pregunta demasiadas veces y perdí la cabeza: le di un empujón y eché a correr. A él no le gustó y me persiguió. Corrí al interior de un cubículo y me encerré en él. La puerta no tenía cerradura, así que me apoyé en ella con todo el peso de mi cuerpo con la esperanza de que no pudiera entrar.

Accedió al cubículo contiguo al mío, se subió al banco y alargó los brazos para tratar de agarrarme mientras yo me agachaba para que no me alcanzara.

Se bajó y, acto seguido, irrumpió por la puerta y se puso a darme bofetadas.

Cuando llegaron los profesores, no tardaron en apartarlo de mí. Sin decir nada, me vestí con el resto de la ropa, cogí la toalla y el bañador y salí corriendo hacia la zona donde estaban los puestos de caramelos. Lloré como nunca en mi vida. Cuando mi madre me preguntó qué había pasado, no podía hablar.

Mi amigo apareció a mi lado y se lo contó todo.

Al chico mayor le prohibieron ir a clase durante varias semanas, pero el daño emocional ya estaba hecho y yo tampoco quería ir a la piscina.

Ese episodio me devoró por dentro. Todos los «por qué» me devoraban por dentro: ¿por qué pasaba todo aquello de repente?; ¿por qué tenía la sensación de que cada día, fuera a donde fuera, me pasaba algo malo?

¿Sucedió todo aquello como yo creo que sucedió o parte de ello fue fruto de mi imaginación? ¿Di por sentado que todo era negativo? ¿Cómo pude pasar por alto todo eso cuando era más pequeño?

Una vez en ese estado, instalado en aquel marco mental tan negativo, me resultaba muy difícil salir de él, y me asaltaba la misma pregunta: ¿por qué a mí?; ¿por qué me estaba pasando aquello?; ¿qué había hecho yo para merecer eso?

Mi cabecita intentaba dar respuesta a esa pregunta desde el momento en que me despertaba hasta el último pensamiento que tenía antes de dormirme: ¿por qué a mí?

Tengo un amigo de toda la vida. Jugábamos juntos al fútbol y en casa nos encantaba ver los dibujos de *Las tortugas ninja*. Yo era muy fan de las tortugas y Rafael era mi favorito. Incluso tenía la furgoneta que disparaba pizzas por la parte delantera (¡más pizza!).

Fuimos juntos a los mismos colegios hasta llegar al instituto.

Como éramos vecinos, siempre volvíamos juntos andando del instituto y charlando sobre fútbol y tortugas.

Un día, cuando volvíamos a casa y hablábamos de cómo podría ganar Inglaterra la Copa del Mundo, vimos a los chicos de undécimo curso en la puerta de la tienda de *fish and chips* local. Al vernos, se pusieron a corear: «¡Tofe, tofe, tofe!».

Todos nos señalaban y se reían de nosotros.

Cuando los dejamos atrás y ya no les oí cantar, le pregunté a mi amigo: «¿A qué narices ha venido eso?». No lo entendía.

Mi amigo bajó la mirada y vi que le costaba articular las palabras, pues no sabía muy bien cómo explicármelo.

—Tío, es una mierda, pero cantan esa canción por ti: les parece que tu audífono se parece a un tofe, las pastillas de caramelo masticable.

En ese momento solo quería que se me tragara la tierra… Me dolía que se hubieran inventado aquella canción para burlarse de mí, claro, pero me dolía aún más que mi amigo estuviera al tanto él también, que seguramente hacía mucho tiempo que lo sabía, y que hasta ese momento yo no había tenido ni idea. Estaba destrozado y muerto de vergüenza. ¿Qué más estaría pasando a mis espaldas?

Llegamos antes a su casa, y cuando se metió dentro, recorrí andando el resto del camino a mi casa solo. Llorando.

Estaba avergonzado, asustado y confuso sobre por qué estaba pasando aquello.

Llegué a casa y allí estaba mamá, con la pregunta de siempre: «¿Cómo te ha ido el día?».

«Todo bien», fue mi reacción instantánea, y me fui a mi habitación.

Solo en mi dormitorio, me planté frente al espejo y me miré la cara, pensé en mis padres biológicos, recé mi oración de esperanza y me di cuenta de que tenía que hablar de todo aquello con mi madre.

Pasaron las horas, aguardando el momento adecuado para hablar con ella. No quería que fuera demasiado obvio, así que procuré elegir bien el momento y las palabras.

Me acerqué a mamá, mi heroína, y le pregunté por qué podía haber gente que no fuese amable conmigo. Me preguntó si es que había pasado algo y le dije que no, que solo era curiosidad. Sin embargo, después de los últimos episodios en la clase de buceo, mi madre estaba muy alerta ante aquel tipo de cosas, y fue preguntándome por distintos aspectos de mi vida para tratar de sonsacarme información.

«¿Qué tal te va en el instituto?».

«¿Cómo te va el fútbol?».

«¿Cómo están tus amigos?».

Contesté a todas sus preguntas y le oculté casi todos mis miedos y pensamientos.

Por algún motivo, no pude compartir con ella lo que realmente quería compartir, y como había hecho siempre desde el día que me vio, me infundió confianza y volcó en mí todo su amor y positividad.

Los alumnos mayores siguieron metiéndose conmigo en el instituto. Los chicos del autobús seguían riéndose de mí. Dejé de ir a las extraescolares que tanto me gustaban. Me costaba asimilar y aceptar el hecho de que mis padres biológicos, las dos personas que se supone que más deberían quererme, me hubieran abandonado a mi suerte. Seguí haciéndole preguntas generales a mi madre, y creo que en el fondo ella sabía lo que pasaba, pero nunca le explicaba nada de lo que me hubiese pasado ese día concreto. No sabía cómo hacerlo. No tenía experiencia hablando de esas cosas.

Tuvimos más conversaciones parecidas, pero cuanto más hablábamos, más dejaba de creer en mamá; dejé de creer en mí mismo y empecé a obsesionarme y a creerme toda la negatividad que me rodeaba y que tenía metida en la cabeza.

En mi habitación había un armario con una luna de espejo en el centro, y muchas veces me miraba en él y me hacía todo tipo de preguntas: ¿Por qué yo? ¿Por qué tengo este aspecto? ¿Por qué me abandonaron mis padres biológicos? ¿Por qué la gente es tan mala conmigo?

Mientras me hacía esas preguntas, me miraba fijamente la cara en el espejo, centrándome sobre todo en mis ojos. Eran lo que más odiaba. Tiraba de ellos hacia arriba con las manos e intentaba imaginarme mi cara como la de los demás. «Sería feliz si tuviera este aspecto», me decía. «Tal vez si me los aguanto así el tiempo suficiente, se quedarán un poco más rectos».

No poder cambiar mi cara me ponía furioso. Recordaba a los cirujanos hablarme de cirugía facial: «Podemos mejorar tu rostro. Podemos reconstruirte unos pómulos».

Cuando era adolescente, mi respuesta era un no rotundo, sin más explicaciones.

Lo que pensaba para mis adentros, los pensamientos que me guardaba para mí eran: «No quiero que nadie me "mejore" la cara: ¡lo que quiero es una cara nueva!». Odiaba la que tenía y ninguna operación quirúrgica iba a servirme de ayuda.

Quería parecerme a los actores que veía en las películas. Quería ser el héroe. Me moría de ganas de ser como los cantantes de todas las bandas de chicos con sus legiones de fans. Quería tener la confianza de las estrellas del deporte que veía en los estadios. Pero, sobre todo, quería parecerme a mis amigos.

Y eso nunca iba a suceder. Estaba tan falto de autoestima que dejé de mirarme en el espejo. Cuando iba andando por la calle y veía mi cara en un escaparate, aquello era un baño de realidad y la prueba evidente de que tenía un aspecto distinto y de que no encajaba, así que evitaba esa situación e intentaba ignorarla. Necesitaba desesperadamente un héroe, pero mis lugares seguros ya no me parecían seguros, pues los peores pensamientos me inundaban la cabeza y los llevaba conmigo a todas partes. Era como un libro cerrado, incapaz de compartir nada con nadie;

me sentía derrotado y estaba alejando a la gente y a mis héroes de mí.

En esa época, cuando me obsesioné con la pregunta de «¿por qué a mí?», no procesaba ninguna otra información, no había nada relevante, no me importaba nada más. Esa pregunta me impidió avanzar durante muchos años.

No eran solo los compañeros de instituto los que me hacían sentir mal, sino también los adultos.

Un día, mi madre y yo íbamos en el metro de Londres para acudir a una de mis numerosas citas médicas. Yo era el encargado de ir mirando el mapa y contar las estaciones que nos faltaban hasta nuestra parada, para no pasarnos de largo.

De pronto me fijé en una pareja sentada enfrente de nosotros. Estaban muy acaramelados, cogidos de la mano, iban besándose... era la típica pareja que se pone en plan fogoso en público y a la que dan ganas de decirle: «¿Por qué no os vais a un hotel?». Pero lo único que pensaba en ese momento era: «Ojalá le gustase yo así a alguien algún día».

Seguí observando a la gente y sintiéndome importante contando las paradas del metro cuando me di cuenta de que la pareja me estaba mirando atónita y, de repente, se echaron a reír. Apartaron la mirada intentando disimular sus risitas, pero cada vez que volvían a mirarme, estallaban de nuevo en carcajadas.

Por desgracia, a esas alturas yo ya estaba acostumbrado y aquello me dolía, claro, pero esa era mi vida normal y seguí contando las paradas del metro.

—Mamá, la próxima parada es la nuestra.

Nos levantamos y bajé del vagón.

Al volverme, vi que mamá seguía en el interior del vagón de metro, de pie, hablando con la pareja. Luego se dio media vuelta, se bajó y se puso a mi lado en el andén. Las puertas se cerraron y se quedó mirando fijamente a la pareja mientras el tren abandonaba la estación.

Miré a mi madre y vi que se le caían las lágrimas. Mientras se las secaba, me sentí culpable, enfadado y avergonzado de que estuviera llorando. De algún modo, aquellas lágrimas eran por mi culpa.

Aquella situación era nueva para mí, y cuanto más consciente era de que mi cara también afectaba a mis seres queridos, más hecho polvo me quedaba. Primero fue mi amigo, y ahora era mi primera heroína quien sufría por mi culpa, y cuando la vi llorando, eso me destrozó.

«¿Por qué a mí? ¿Por qué a mi madre? ¿Cuándo va a mejorar esta situación?».

Creo que esa fue una de las primeras veces que pensé que tenía que empezar a ocultar mi rostro, o al menos hacer que la gente no se fijara en él.

Mirar al suelo, evitar el contacto visual, dejarme un flequillo largo y llevar ese corte de pelo tipo tazón cada vez más ridículo eran ahora estrategias cotidianas de supervivencia.

Intentar no verme la cara. Evitar las cosas que me causaban dolor. No disponía de ninguna vía de escape emocional y los pensamientos oscuros y negativos se me agolpaban en la cabeza. Estaba perdido.

¿Cuáles son tus pensamientos en este momento? ¿Qué preguntas del estilo «¿por qué a mí?» se han apoderado de tu vida y te impiden pensar en todo lo positivo que tienes ahora mismo?

Quiero que pruebes lo siguiente, ya que a mí me funcionó y me resultó muy reconfortante:

Piensa en un gran espacio al aire libre, coge una linterna volante y escribe en ella los pensamientos tipo «por qué a mí». Luego suéltala y deja que vuele en ese gran espacio abierto y observa cómo esos interrogantes se alejan flotando en el aire. O, para ser más respetuosos con el medio ambiente, reúne esos mismos pensamientos en la mano y lávatelos con un buen chorro de agua: deja que se vayan y desaparezcan.

Y recuerda que hay una diferencia entre preguntarse por qué o analizar las cosas y obsesionarse con esas preguntas, así que una última reflexión: no les des demasiadas vueltas a todos esos «por qué».

Volvamos a mí. A los treinta y cinco años, veinticinco años después de aquella vivencia en el metro, una noche encontré un gran espacio al aire libre y escribí en una linterna volante: «¿Por qué tuve que nacer con este físico?».

Me enfrenté a esos pensamientos que tuve hace tantos años.

Encendí la linterna.

La vi llenarse de aire caliente.

Y luego la solté.

Pasé días, semanas, meses, años preguntándome «¿por qué a mí?».

La pregunta nunca desapareció.

Me sentía atrapado por esas dos palabras.

Hace un tiempo, dejé de preguntarme «¿por qué a mí?».

No sé cuándo, no sé por qué, pero ahora me doy cuenta de que fue entonces cuando me liberé…

A partir de ese momento fui libre para quererme a mí mismo y al mundo que me rodea. A través de mis experiencias, de mis observaciones.

Empecé a preguntarme «¿por qué a mí?» a una edad muy temprana.

La gente dice que todo sucede por algún motivo, yo también lo he dicho muchas veces.

Pero hay cosas en mi vida que desearía no haber tenido que vivir.

Sí, todo eso me ha convertido en la persona que soy hoy, pero es porque he sido capaz de hacer el trabajo personal y sigo esforzándome por trabajar en mí mismo.

A pesar de todo, tengo suerte de estar donde estoy hoy, pero hay una parte de mí que desearía que no tuviésemos un mundo capaz de llevar a ese niño inocente a preguntarse «¿por qué a mí?».

Ansiaba una respuesta que era imposible encontrar y que fue destrozando poco a poco parte de mi infancia y adolescencia.

Una vez que nos deshacemos de los «por qué a mí», podemos empezar a explorarnos a nosotros mismos de una forma más completa, a ser posible con una mentalidad más clara, con el corazón abierto y preparados para curar las heridas.

¿Qué sentimientos y emociones has estado ocultando y evitas afrontar actualmente?

¿Por qué los has estado evitando u ocultando?

¿Hay algo que te impide compartirlos, abordarlos y empezar a trabajar con ellos?

¿Qué crees que puede servirte de apoyo a partir de ahora?

A medida que avancemos juntos en este camino iré dándote algunos consejos, pero ahora mismo la recopilación de información es muy importante, como también lo es tomar nota de todo. Puede que ya estés pensando y descubriendo cosas que van a servirte de apoyo de ahora en adelante.

Cuando nos pasan algunas cosas, lo habitual es querer pasar página de inmediato, o distraernos y hacer algo que nos impida pensar en ellas, o puede que vayamos enseguida a hablar con alguien sobre ello, pero luego intentamos olvidar que ha ocurrido. Sin embargo, todo eso nos impide sentir verdaderamente esos sentimientos, escucharlos, asimilarlos, analizarlos y descifrarlos. Es importante sentarse en silencio con esos sentimientos y admitir su existencia.

Ignorar y ocultar todos mis miedos me bloqueó y me impidió avanzar durante muchos años, años que nunca recuperaré. Me perdí recuerdos y momentos vitales porque me escondí, asustado e incapaz de hacer el trabajo de afrontarlos.

Al no hacer el trabajo necesario, desarrollé mucha ira y una actitud consistente en decir: «Si la gente se me va a quedar mirando igualmente, ya puestos, hagamos que les merezca la pena, que les sirva de entretenimiento o espectáculo y así quizá se rían conmigo en vez de reírse de mí, si me esfuerzo por complacerlos, quizá llegue a gustarles».

Esto nos recuerda una vez más la importancia del amor propio. Solo podemos controlar nuestros propios actos y cómo nos comportamos y reaccionamos ante los demás. También tenemos la capacidad de trabajar con nuestras experiencias traumáticas. La negatividad y el odio de los demás no son cosas con las que debamos cargar nosotros, sino que son un peso emocional adicional que no necesitamos para nada. Es hora de trabajar para soltarlos y librarnos de ellos. ¡Es la clase de lastre de la que todos podemos deshacernos!

3

¿OTRA VEZ EN LÍOS?

El problema cuando sientes que tú tienes la culpa de algo (¡aun cuando no la tengas!) es que empiezas a sentir ira y frustración, y eso inevitablemente se refleja en tu comportamiento.

En un momento dado, los «por qué» comenzaron a cambiar para mí. Rehuía hacer el trabajo personal que tenía que hacer, haciendo caso omiso del origen de mi sufrimiento, y echaba la culpa a otras cosas. Supongo que eso es más fácil, ya que a veces no sabemos cómo hacer el trabajo personal necesario y eso afecta a nuestra conducta. Necesitaba trabajar más en quererme a mí mismo y aceptar lo que ocurrió cuando nací, pero en aquel entonces no me daba cuenta.

Hacia el final de la adolescencia, cuando un profundo sentimiento de rabia y odio se apoderó de mí y no hablaba con nadie sobre mis pensamientos o mis sentimientos, mi conducta empezó a cambiar.

Esa rabia no tenía ninguna válvula de escape por la que canalizarse, así que fue acumulándose y enquistándose en mi interior.

Los demás intentaban apoyarme, pero mi actitud no era la adecuada. Pensaba: «No sabéis lo que es ser yo, de modo que ¿cómo vais a ayudarme?». Dejé de creer que cualquiera puede convertirse en un héroe y cambiar tu vida para siempre, o que un momento concreto puede hacerlo, y, por supuesto, yo era incapaz de ser mi propio héroe. En todo caso, me estaba convirtiendo en mi propio villano, en modo autodestrucción.

Al echar la vista atrás, creo que ese fue uno de mis mayores errores: guardarme las cosas dentro. La gente no tiene por qué haber pasado por lo mismo que tú; es cierto que eso puede servir de ayuda algunas veces, pero en realidad, cuando los demás te escuchan y tú te sientes escuchado, eso te permite asimilar las cosas. Te permite sentirte seguro después de haber compartido algo. Eso es lo que me ha cambiado la vida ya como adulto.

El caso es que, de algún modo, me había convertido en un joven brillante e inteligente. Mis amigos decían que no era el más avispado de la clase, pero la verdad era que estaba en los primeros puestos de los mejores del instituto.

Sin embargo, con todos aquellos problemas rondándome por la cabeza, mi rendimiento académico no tardó en resentirse.

Me convertí en el payaso de la clase, pues mis notas me traían sin cuidado.

Necesitaba que me quisiesen, quería que los demás me adorasen, pero me sentía tan sumamente poco atractivo e indigno de ser querido que pasé al modo supervivencia. ¿Cómo iban a quererme y adorarme los demás?

En el último año de instituto, hice todo lo que pude para desviar la atención de mi cara y del sufrimiento que me causaba. Fue una etapa en la que dejé de lado todos mis límites solo para gustar y ser aceptado por los demás. Me dedicaba a complacer a la gente y hacía absolutamente todo lo que fuese necesario por sentir otra cosa que no fuese el dolor que sentía por dentro.

Tanto mi formación como mis resultados académicos dejaron de importarme. Había solicitado plaza en la universidad, pero no le dedicaba ni un minuto de mi pensamiento. Estaba concentrado en el presente, y en ese momento necesitaba atención, cualquier atención que no fuese dirigida a mi cara.

Un día, durante la clase de inglés, el profesor se fue a la biblioteca a buscar unos libros con los que estábamos trabajando. Mi grupo acababa de visitar Europa continental para un viaje de estudios. Yo no había ido al viaje —nunca tuve la confianza necesaria para viajar con mis compañeros—, pero mi amigo sí había ido y había comprado un paquete de fuegos artificiales. Lo llevó al instituto, sabiendo perfectamente quién se atrevería a encenderlos dentro del aula.

Con una enorme sonrisa maliciosa en la cara, me miró y sacó uno de aquellos fuegos artificiales, uno que parecía una especie de lápiz de cera gigante.

Mi amigo dijo que lo único que había que hacer era darle un golpe en la parte de arriba y colocarlo en el suelo, y que entonces empezaría a emitir chispas, estallidos y silbidos.

Me miró de hito en hito, sonriendo más aún, y supe exactamente lo que iba a decir a continuación: «Jono, te reto a que lo enciendas ahora mismo».

Sin dudarlo, como el profesor nos había dejado solos para ir a la biblioteca, cogí aquel petardo gigante, me levanté sonriendo y me fui a la parte de delante de la clase. Golpeé el petardo contra el suelo y lo coloqué debajo de la mesa del profesor. Luego volví corriendo a mi silla mientras el artefacto empezaba a echar chispas y a explotar.

Los fuegos artificiales iluminaron toda la clase y yo me limité a sonreír.

El profesor entró justo cuando el aula comenzó a llenarse de humo, y todos en las clases contiguas acudieron alarmados a ver qué pasaba.

«¡Volved a vuestras clases!», gritó el profesor mientras se dirigía hacia mi castillo de fuegos artificiales.

Se detuvo un momento en medio de la humareda y escudriñó el aula, buscando alguna pista sobre quién era el responsable de aquello.

Llegó hasta su mesa y examinó los restos del artefacto pirotécnico, que había dejado de soltar humo.

Se quedó inmóvil y luego, con calma, dijo: «¿Alguien quiere contarme lo que ha pasado aquí?».

El silencio era abrumador. Nadie iba a decir nada, y él lo sabía.

Era una derrota para él. Sin decir una palabra más sobre el incidente, pidió a alguien que nos diera un libro a cada uno y nos dijo a todos que leyéramos en silencio durante el resto de la clase.

Mientras leía, lo único que podía pensar era: «¡Qué ganas tengo de que todo el mundo se entere de esto!». Me traía sin cuidado lo que pasara después, y también las consecuencias. Solo quería agradar y divertir a los demás.

Sin embargo, a medida que fue avanzando el curso, no tardé en sentir la presión por hacer cosas aún más extremas, presión que me llevó a hacerme mi primer tatuaje. Se lo comenté a otro amigo y planeamos ir en autobús a la población vecina y hacernos uno cada uno.

En el instituto me gustaba mucho el rap, Biggie Smalls y Puff Daddy, así que, naturalmente, quería tatuarme un crucifijo en el brazo, como los que veía en todos los vídeos musicales, en los colgantes de las cadenas y en la piel de mis ídolos. Por si fuera poco, no quería uno pequeño, sino que quería que se extendiera del hombro hasta el codo.

El plan era ir ahorrando parte del dinero para comida y hacerme el tatuaje durante la hora del almuerzo.

Mi madre me daba cinco libras al día para almorzar. Me compraba un bocadillo de remolacha y mayonesa, que costaba 35 céntimos y me permitía ahorrar 4,65 libras al día, en función de si me las arreglaba para no comprar nada más.

Después de subsistir un mes a base de bocadillos de remolacha y mayonesa, ya había ahorrado suficiente, de modo que reuní todas mis monedas de una libra y me dirigí a la ciudad con mi amigo para hacerme mi primer tatuaje.

Nos presentamos en el estudio con nuestros pasaportes para demostrar que teníamos la edad necesaria y el tatuador se mostró encantado de marcar para siempre nuestra piel joven e intacta.

—Elige uno, chaval —me dijo.

Estuve hojeando los álbumes y las láminas y, al cabo de unos minutos, encontré un crucifijo que me gustó.

—Quiero este, por favor.

—¿Dónde quieres que te lo haga?

Flexioné el brazo derecho y dije:

—Aquí, por favor.

Había estado haciendo bíceps todo el mes, así que tenía los músculos a punto.

Me aplicó el transfer y me dijo que fuera a mirarme en el espejo para ver si me gustaba.

Me miré en el espejo, evitando mi cara como siempre, y sonreí al verme el brazo.

—Sí, me gusta —dije.

Me hizo sentar en el sillón y empezó a tatuarme un crucifijo tribal de color marrón rojizo en el brazo y al mismo tiempo se comía una hamburguesa con queso. Sí, el hombre tenía que comer.

Mientras me marcaba para siempre mi piel pura y virginal, sentí un frío terrible y mucho dolor. Me temblaba todo el brazo, pues me dolía un montón. Me he hecho muchos tatuajes después y nunca he vuelto a sentirme como entonces. Obviamente, el Jonathan de dieciséis años no estaba preparado para aquello, además de ser demasiado joven.

Cuando terminó, me limpió los restos de tinta y sangre. Me escocía. Me acerqué al espejo y lo vi por primera vez. No me impresionó. No me gustó. Me arrepentí al instante.

—Son cuarenta libras, chaval —me dijo.

Le pagué, le di las gracias y pensé: «Quizá mejore con el tiempo».

Volvimos al instituto y, por supuesto, todos querían verlo. Lo enseñé de mala gana. Nadie dijo: «¡Qué pasada, tío! Es chulísimo».

La gente lo veía y decía: «Ah, así que te has hecho un tatuaje. Pues vale».

Fue horrible. Todos se fueron a clase y yo me sentí muy solo. De nuevo caí inmediatamente en el mismo patrón de pensamiento: «Esto no habría pasado si no tuviera esta cara. Si mis padres biológicos no me hubieran abandonado, no habría hecho esto». Me pasé el resto de las clases escondido porque no quería enseñárselo a nadie.

En casa, me pasaba horas mirándome el tatuaje en el espejo, rezando para que tuviera mejor pinta.

No fue así.

En vez de eso, me salieron un montón de costras, y en casa tenía que tapármelo las veinticuatro horas del día porque me daba miedo enseñárselo a mi madre.

Aunque la parte buena fue que se acabaron los bocadillos de remolacha durante una temporada…

Pronto toda mi identidad giraba en torno a mi trauma y el sentimiento de lástima y compasión. Era lo único que conocía.

Empecé a mentir para exagerar aún más las cosas.

Recuerdo que vi una peli en la que unos chicos vendían cocaína en el instituto y la guardaban en bolígrafos después de vaciar el tubo de tinta. Así que pensé: «Ah, pues eso podría hacer yo ahora».

No era ningún narco, pero tenía mucha imaginación.

Un día que estaba solo en casa, fui a la cocina y reuní todas las sustancias blancas parecidas a la coca que pude: azúcar, sal y detergente para la ropa. Las mezclé, cogí mi bolígrafo vacío y esnifé el polvo.

Me sangró la nariz. Lo intenté de nuevo, pero me escocía demasiado. Era obvio que aquella sustancia no era la de verdad: me quemaba, era dulce y olía a flores.

Tuve que ponerme aún más creativo. Encontré unas pastillas y las machaqué, mezclándolas con harina. El polvo tenía que ser más consistente, de modo que saqué la regla de mi estuche y lo aplasté aún más. Lo esnifé con el bolígrafo y me quedé satisfecho.

Llené varios bolígrafos, me los metí en el estuche y me los llevé al instituto. En ese momento no tenía ningún plan concreto sobre qué iba a hacer con ellos, solo formaba parte de mi siguiente numerito para llamar la atención.

En clase de ciencias me puse a hablar con un amigo mío y de pronto saqué uno de mis bolis rellenos de polvo, asegurándome de que lo viera. Su cara era una mezcla de asombro y curiosidad. No dije nada y me fui al baño. Por miedo a que me sangrara la nariz, lo vacié en el retrete y volví a clase. Mi amigo me miró y simplemente me sonrió.

Aquella sonrisa fue todo un premio para mí. ¡Lo había conseguido!

A las tres y media me fui andando a casa. Para evitar los autobuses de dos pisos, prefería ir andando lo más rápido posible, pero mi amigo, el que había visto el bolígrafo, echó a correr para alcanzarme.

—Eh, Jono, ¿qué pasa con esos bolis? ¿Me das uno?

—Si te digo la verdad, no sé muy bien qué llevan exactamente —contesté—. Me los han dado.

Por supuesto, era mentira: sabía muy bien cuáles eran los ingredientes: paracetamol, ibuprofeno, Ritalin y un poco de harina, ¡todo bien trituradito! (Harina de trigo, por si te lo estabas preguntando).

Pero me quité la mochila, metí la mano, saqué dos bolis llenos de mi estuche y, con la presión añadida de tener a mi compañero ahí delante, no tuve más remedio que volver a esnifar el contenido. Bajo la atenta mirada de mi amigo, me metí el bolígrafo en la nariz, aspiré... y sí, lo has adivinado: empezó a sangrarme la nariz. Mi compañero optó por no esnifarlo en ese momento, sino que se limitó a guardarse el boli en el bolsillo y a seguir andando a mi lado mientras yo me pellizcaba la nariz ensangrentada.

Cada vez que la liaba y me metía en algún follón, cuando me daba cuenta de que había obrado mal o había tomado una mala decisión (las tomaba a diario), volvía a preguntarme por qué:

¿Por qué hago esto?

¿Por qué soy así?

E invariablemente la respuesta era siempre la misma: «Yo no sería así si mis padres biológicos no me hubieran abandonado, y no estaría lidiando con esto si tuviera una cara como la del resto de la gente».

El hecho es que me metía en líos por mi mala actitud y mi mal comportamiento, pero le echaba la culpa de todo a mi cara y a mi situación, y eso estaba muy lejos de la realidad.

Cuanto más le echara la culpa a la cara que tenía y a mi situación, más tardaría en sanar. De hecho, no me estaba curando, sino que estaba creándome aún más traumas y alejándome cada vez más de cualquier clase de autoestima.

Las cosas se me estaban yendo de las manos. No tenía límites e intentaba complacer a los demás constantemente. No me importaban mis notas ni mi salud ni mi bienestar ni las personas que me rodeaban. ¡Solo quería llamar la atención!

Pensaba que necesitaba agradar a la gente para que quisieran relacionarse conmigo. Necesitaba complacerlos para caerles bien, para que me invitaran, para que me incluyeran y, con un poco de suerte, para que también me quisieran.

Estaba sentando un precedente aterrador para mí mismo, pues complacer a los demás sin poner límites de ninguna clase se volvería por completo en mi contra más adelante.

Como adulto una de las cosas más importantes que he aprendido es a poner límites, y no ha sido hasta pasados los treinta años cuando lo he conseguido. De hecho, aún estoy trabajando en ello. Ciertas personas y situaciones pueden poner a prueba tus límites —ya sea de forma deliberada o involuntaria, cabe añadir—, pero ahora establezco límites en todos los aspectos de mi vida. Todavía hay momentos en los que me siento mal, incluso culpable, por poner un límite a alguien en concreto, pero me he dado cuenta de que necesito protegerme, y si los demás no respetan eso, entonces esas personas no me convienen.

Cuando estoy con mis amigos, todos tenemos el mismo sentido del humor y a veces siguen proponiéndome retos. No quiero perder esa alegre camaradería, pero ahora sé mejor qué puedo hacer y qué no.

Me valoro como persona, sé lo que valgo y lo que aporto, y eso no son ni retos ni tampoco situaciones de alta tensión dramática: lo que aporto es mi energía, única y excepcional, y por eso la gente quiere estar conmigo, por eso me quieren y me invitan a formar parte de ese grupo de amigos. Tengo el poder de hacer las cosas que elijo hacer, y cuando algo no es bueno para mí, sé que puedo decir que no. (Aunque todavía estoy trabajando en eso, y de vez en cuando me siento culpable cuando digo que no).

Mientras escribía este libro, sufrí una ruptura sentimental. Todas las rupturas son una experiencia horrible. Era una relación que iba muy bien, me mostré tal como soy, era mi auténtico yo, y atraje a alguien increíble, pero al final se acabó: ella decidió que la relación no era lo que quería. Cuando me dejó, me preguntó si podíamos seguir siendo amigos. Me dijo que eso le haría muy feliz, y en el pasado, a pesar de estar sufriendo, habría aceptado ese dolor y habría sido ese amigo que ella quería que fuese. Sin embargo, esta vez la miré y le dije: «No, no puedo ser tu amigo ahora». Me dolió mucho, me sentí muy culpable, pero sabía qué límites me harían sentirme emocionalmente bien. Ella salió de mi vida. Fue un momento muy duro, pero esa semana sentí cierto orgullo porque, a pesar del dolor que sentía, había hecho algo para protegerme a mí mismo. Saqué algunas lecciones valiosas de esa ruptura, pero ya hablaremos de ello más adelante.

Los límites también son necesarios en el trabajo. ¿Cuántas veces te has llevado el trabajo a casa? ¿Cuántas veces has trabajado en tus días libres? ¿Cuántas has descuidado tu tiempo para satisfacer las necesidades de los demás? ¿Y cuántas has descuidado tus necesidades y tu seguridad para complacer a los demás?

Todo eso tiene que ver con poner límites, y cuanto más lo hagas, mejor te sentirás, y tus amigos y seres queridos siempre respetarán y apoyarán esos límites.

¿Sabes poner límites?

¿Sabes cuáles son tus límites y cómo deben respetarlos los demás?

Por lo general, hay siete terrenos distintos sobre los que necesitamos establecer límites:

- Físico
- Sexual

- Emocional/mental
- Espiritual/religioso
- Económico
- Tiempo
- Límites no negociables

¿Cuáles son tus límites en cada uno de esos terrenos?

¿El hecho de no saber poner límites te lleva a situaciones en las que preferirías no verte inmerso?

¿Desearías haberte negado a hacer algo desde el principio, porque luego ya era demasiado tarde y te encontraste haciendo algo que no querías hacer?

A mí aún me queda mucho trabajo por hacer en ese aspecto, pero haz como yo e inténtalo. ¡No des tu brazo a torcer y haz las cosas solo porque tú quieres hacerlas!

Entretanto, no olvides tener en cuenta que los demás también tienen sus límites.

4

¿MÁS VALE SOLO QUE MAL ACOMPAÑADO?

¿Alguna vez has tenido la sensación de que todo el mundo a tu alrededor está enamorado? ¿Que cada vez que sales a la calle lo único que ves son parejas acarameladas y cogidas de la mano? ¿Que la gente se pasa la vida anunciando compromisos y embarazos en las redes sociales? Y sientes envidia y no puedes evitar pensar: «Yo también quiero lo mismo».

En mi caso, de los quince a los dieciocho años eso me pasaba constantemente; me parecía ver lo mismo en todas partes. Tenía la sensación de que todos mis amigos tenían pareja. Los veía enrollarse en las fiestas y cogerse de la mano en el instituto. Por supuesto, yo también quería vivir esa experiencia, pero en las fiestas, cuando jugábamos al juego de la botella, justo cuando yo participaba todos los demás abandonaban el juego. Nadie quería darme un beso y, desde luego, nadie quería salir conmigo como pareja. Lo intenté una y otra vez, pero nunca tuve suerte. Ya como adulto, al mirar al pasado, no culpo a nadie y no creo que nadie me hiciera nada malo. Todos éramos jóvenes e intentábamos experimentar y abrirnos paso en la vida.

Sin embargo, la obsesión con el «por qué» se transformó en la obsesión por ser deseado o querido por otra persona. Me sentía profundamente frustrado por no haber tenido ninguna novia, o por no haber besado a alguien o porque nadie me hubiese dicho nunca que le gustaba. En aquel momento, lo que más quería en el mundo era esa clase de afecto.

Pero ya que estás leyendo este libro…

> Si tienes a algún preadolescente cerca, no es mala idea hablarle de juegos como «verdad, acción o beso», el juego de la botella y otros parecidos antes de que vaya a su primera fiesta con amigos en la casa de alguien. Cuando lleguen a esa edad, a los doce o trece años, por ejemplo, puedes advertirles de la existencia de esa clase de juegos. Es el momento perfecto para introducir conceptos como el consentimiento y la autonomía para decidir respecto al propio cuerpo y, me atrevería a decir, la delicadeza y la empatía.

Puedes introducir esos temas y, si no han salido corriendo todavía gritando que no quieren seguir escuchándote, puedes preguntarles: «¿Qué harías si nadie quisiera darte un beso?», o «¿Cómo reaccionarías si te tocara darte un beso con la persona más "repulsiva" del grupo?». Más que prescribir o controlar una interacción, estas conversaciones les dan las herramientas para cuestionar el sentido de estos juegos y su participación en ellos.

Cuando miro atrás, pienso que ojalá hubiera sido lo bastante valiente para decir que no quería jugar, o, si a alguien le hubiese tocado besarme en el juego de la botella, que hubiese tenido la delicadeza de decirme: «No estoy en condiciones de darte un beso. ¿Te importa si solo chocamos los cinco y ya está?».

Por supuesto que no es lo mismo chocar los cinco que dar un beso, pero la confianza y la valentía de estar a la altura del momento te harán parecer una estrella del rock y posiblemente te evitarán años de remordimientos.

Bueno, el caso es que los juegos de «verdad, acción o beso» eran para todos los públicos. Lo que vino a continuación sí que era algo más radical: el alcohol, el lubricante social capaz de hacer que una persona joven caiga rápido en la depresión o la adicción.

Recuerdo que me invitaron a mi primera fiesta de fin de semana en una casa. Cuando llegué al último año de secundaria, ya estaba muy integrado y tenía un grupo de amigos muy potente. Tenía mis dificultades, pero seguía estando entre los mejores, y me las arreglaba con los exámenes y los deberes. Quedaba con mis amigos después de clase y jugábamos al fútbol hasta que oscurecía, a pesar de los demonios que me atormentaban. Como he dicho, conseguía arreglármelas e ir tirando.

Un día, estábamos en la fila a punto de entrar en clase y todos hablaban de una fiesta el fin de semana. Agucé el oído con curiosidad para saber de qué hablaban, y mi amigo se volvió con toda naturalidad hacia mí y me preguntó si iba a ir.

Le dije que no me habían invitado.

«¡Qué dices! ¡Todo el mundo está invitado, tú te vienes!».

Estaba superemocionado, pero al mismo tiempo estaba aterrorizado.

Por suerte, el amigo al que le di el bolígrafo relleno se sentó a mi lado en clase y también estaba invitado. Él ya había ido a varias de esas fiestas, así que me pasé toda la clase preguntándole por ellas.

«¿Cómo son?».

«¿Qué me pongo?».

«¿Qué bebo?».

«¿A qué hora llega todo el mundo?».

«¿Qué les dices a tus padres?».

«¿Quién más va a ir?».

¡Necesitaba saberlo todo!

Él estaba superrelajado con el tema.

Me dijo que había ido a montones de fiestas como esa y que eran una pasada. Todo el mundo se emborrachaba y lo pasaba genial.

Dijo que quedaría conmigo antes, que me llevaría a un sitio a comprar alcohol y que luego iríamos juntos a la fiesta.

Lo único que tenía que hacer era ponerme ropa chula y decirle a mi madre que me quedaba a dormir en su casa.

Así que eso fue lo que hice.

Me puse mis mejores galas: unos pantalones cargo holgados, unas Kickers y una camisa de seda con cremallera de Topman. En cuanto al pelo, lo has adivinado: ¡me metí en el baño y me arreglé un poco el corte estilo tazón!

Me rocié entero con desodorante Lynx Africa y salí para quedar con mi amigo.

Hasta aquí todo bien.

Entramos en una tienda pequeña.

—Aquí es donde compramos el alcohol —me dijo mi amigo—. Tú no digas nada y sígueme.

Había otros clientes dentro, así que mi amigo añadió:

—Ponte a mirar las chuches y las chocolatinas hasta que se vayan.

No tardaron en irse y entonces la señora del mostrador cerró la puerta de la tienda y echó el cerrojo. Volvió detrás del mostrador y nos preguntó qué queríamos.

Ni siquiera había pensado lo que iba a decir.

Me quedé paralizado.

La mujer me miraba fijamente, esperando mi respuesta. Miré detrás de ella y vi todas las botellas de alcohol.

—¿Te has decidido ya?

Estaba intentando decidir lo que quería y calcular cuánto dinero podía gastarme.

Examiné todas las botellas y localicé una de whisky Teacher's que entraba dentro de mi presupuesto.

—Me llevaré una botella de whisky Teacher's —dije.

Me miró un momento y no respondió. Yo me quedé en plan: «Ay, mierda. ¿He dicho algo que no debía?».

La mujer seguía sin responder, así que añadí:

—Por favor.

Se dio media vuelta, cogió la botella y preguntó:

—¿Cuántos vais a beber esto?

—Unos cuantos —respondí.

Cogió una bolsa, metió la botella y me la dio.

—Eso es fuerte. Ten cuidado —fueron sus últimas palabras.

Asentí con la cabeza, cogí la bolsa y salí de la tienda.

Mi amigo sonreía; él había comprado unas latas de cerveza Special Brew.

Con las bebidas en la mano, nos dirigimos a la fiesta.

Mi amigo ni siquiera llamó a la puerta, sino que entró sin más.

Parecerá raro, pero una de las cosas que se me quedaron grabadas al entrar en aquella casa fue la puerta; era la primera vez que veía una puerta blanca de PVC y me pareció superelegante y sofisticada, con aquellos delicados dibujos estampados en el cristal y el minúsculo ojo de la cerradura. Los tiradores incluso subían y bajaban al abrir o cerrar la puerta. La puerta de mi casa era de madera y tenía un trozo enorme de cristal esmerilado en el centro. El tirador solo se movía hacia abajo y la llave de casa era como una gigantesca llave maestra que la gente suele relacionar con la puerta de una mazmorra.

El caso es que cruzamos aquella puerta tan elegante y sofisticada y ¡por fin estaba en mi primera fiesta en una casa!

Toda la gente a la que conocía estaba allí.

Era increíble ver a todos mis amigos allí juntos, fuera del instituto, en una fiesta, pasándolo bien. Solo había visto algo parecido en las películas, o había oído a gente hablar de lo que había pasado en algunas fiestas anteriores. Pero ahí estaba yo, y era la cosa más guay y aterradora a la vez que había visto en mi vida.

Estaba tan nervioso que sujetaba la botella de whisky con todas mis fuerzas, ya que era lo único que sentía que estaba bajo mi control. No sabía adónde ir ni qué hacer. Creo que una parte de mí quería volver corriendo a casa.

Vi a unos amigos jugando con una PlayStation en un rincón, así que me acerqué y vi cómo competían por completar la vuelta más rápida en un circuito del juego de Gran Turismo.

Era muy raro. Conocía a toda esa gente, pero tenía miedo. Era como si hubiera olvidado cómo hablar o entablar conversación. De hecho, hoy sigo sintiéndome incómodo socialmente cuando estoy en grupos grandes de gente.

Recuerdo que alguien encontró un aparatito con el que te pegabas unos parches en los músculos y, al encenderlo, transmitía una pequeña corriente eléctrica que hacía que se contrajeran con varios espasmos.

Unos cuantos lo probaron y, cuando les sacudía la descarga, todos se reían de su reacción.

Tenía muchas ganas de participar activamente en la fiesta, así que les pedí que me colocaran el aparato. Mis amigos estaban encantados; me arremangué la camisa, les tendí el brazo —sí, el mismo en el que llevaba aquella mierda de tatuaje— y vi cómo me ponían los parches y me sometían a una descarga.

No me dolió, pero noté una sacudida en el brazo.

—Podéis subir la potencia si queréis —les dije.

No hizo falta que lo dijera dos veces: mis amigos aumentaron la potencia y siguieron provocándome una descarga tras otra.

Todo el mundo se acercó a ver hasta dónde aguantaba y, cuando empezó a dolerme, no podía parar porque por fin formaba parte de algo: aquella era la forma de que me admitieran en la fiesta.

Al final creo que se cansaron del espectáculo y la gente no tardó en desaparecer para ir a por más bebidas y disfrutar de otros aspectos de la fiesta. Mis amigos me retiraron los parches, me dijeron que era la caña y yo me quedé allí sentado sin más, viendo como todos los demás se mezclaban y socializaban entre ellos.

No sé cuánto tiempo llevaba allí, pero ni siquiera había abierto la botella que había traído. Todavía la agarraba como si me fuera la vida en ello.

El amigo con el que había ido se acercó y me pidió un trago de mi botella de whisky. Le sorprendió que no la hubiera abierto aún.

Me la quitó de las manos, la abrió, se sirvió un buen chorro en el tapón de la botella y se lo bebió como si fuera un chupito. Luego, sin preguntarme siquiera, sirvió otro y me lo ofreció. Me lo bebí y pensé que, muy posiblemente, aquello era la cosa más mala que había probado en mi vida. Me quemaba en la garganta.

Pero entonces apareció más gente porque habían visto el whisky.

—¿Dónde lo tenías escondido? —me dijeron.

Volvía a ser el centro de atención, además de recibir toda la presión de hacer algo para que los demás me vieran.

Varias personas se turnaron para tomarse los chupitos y, cuando lo hacían, todos los demás aplaudían; sin embargo, luego empezaron a desaparecer, igual que antes.

Sentí un vacío en el estómago; y no quería que se fueran y me dejaran solo, así que me levanté de un salto y grité:

—¡Eh, chicos, mirad qué hago!

Mientras daban media vuelta y se arremolinaban a mi alrededor, me bebí de un trago la botella de whisky hasta dejarla vacía. Y a partir de ahí, la noche se acabó para mí: no recuerdo absolutamente nada del resto.

El lunes siguiente, de vuelta en el instituto, estaba ansioso por saber qué había pasado en la fiesta y quería oír todos los chismes. Mis amigos me contaron quién se había enrollado con quién y a mí se me cayó el alma a los pies: yo no había ligado con nadie. Luego se rieron y me contaron que me había bebido todo el whisky como un cosaco, que me había quedado inconsciente y que de vez en cuando alguien me sacaba a dar una vuelta por el jardín para asegurarse de que estaba bien.

Escuchar aquellas conversaciones y formar parte de todas esas historias junto a mis amigos, a los que admiraba, fue algo muy muy importante para mí. Quería que me incluyeran en todas sus anécdotas, y la única manera de conseguirlo era seguir haciendo aquellas estupideces.

Algunos de mis amigos se daban cuenta de que lo que estaba haciendo eran precisamente eso, estupideces, y hablaban conmigo en un aparte para decirme que era uno de ellos y que no tenía por qué hacer todas esas tonterías. Todos ellos eran mis héroes, y no sabía cómo darles las gracias por que fueran mis amigos, así que en cierto modo, aquella también era una forma de devolverles el favor.

Gracias por ser mi amigo, ¡debo compensártelo comportándome como un estúpido!

Los fines de semana solíamos beber, y más aún en aquellas fiestas, aunque no se celebraban con mucha frecuencia. Antes de ir siempre me arreglaba el pelo —aquel corte tan cutre que llevaba—, me ponía mi mejor ropa y aparecía con la versión de mí mismo con el mejor envoltorio que creía ser capaz de llevar.

Donde quería estar era en las fiestas, pero necesitaba vivirlas y sobrevivir a ellas con el menor sufrimiento posible. La primera hora todo iba bien porque era genial estar con todo el mundo, pero a medida que avanzaba la noche y más se soltaban todos, más me emborrachaba yo. Empezaron a asaltarme los pensamientos oscuros: «¿Acaso me ve alguien? ¿A que les daría igual que yo no estuviera aquí ahora mismo?». Y, por supuesto, hacia el final de la fiesta la gente empezaba a emparejarse, lo que me dejaba hecho polvo. Me sentía muy solo e invisible, y al final siempre recurría al whisky. Mi truco para acabar bien la fiesta.

Los domingos por la mañana estaba superdeprimido. No tenía ganas de hacer nada ni ánimo de ninguna clase, como si me hubiese quedado sin alma.

Pensaba en mis padres biológicos. En inglés hay un dicho para referirse a alguien con una cara carente de todo atractivo que dice, literalmente, «tener una cara que solo una madre podría querer», pero resultaba que mi madre no había podido querer mi cara, y si ni siquiera mis padres podían quererme, si no habían podido quedarse a mi lado, ¿cómo iba a poder hacerlo alguien? Había encontrado una familia increíble y llena de amor, pero no conseguía cambiar esos sentimientos. De hecho, los finales, las despedidas y las separaciones siguen siendo algo que me cuesta muchísimo, y muchas veces permanezco en determinadas situaciones demasiado tiempo o soy incapaz de enfrentarme al final de algo. Si siento que alguien se aleja de mí, le quiero aún más porque no quiero que me vuelvan a abandonar. Recuerdo que de niño, cuando alguien venía a vernos a mí y a mamá, en el momento de la despedida siempre los acompañábamos a la puerta y les decíamos adiós con la mano. Cada vez que me quedaba allí plantado despidiéndome se me encogía el estómago y no sabía por qué. No había pasado nada malo, pero me ponía muy triste por una simple despedida. Esto siguió sucediéndome en la edad adulta y creo que agrava el dolor cuando me enfrento a una ruptura.

El alcohol no nos hace ningún favor en ese terreno. Un amigo mío describe las rupturas y separaciones como una resaca acompañada de ansiedad o, por utilizar un término muy común en inglés, la llamada «*hangxiety*» (de *hangover*, que significa «resaca», y *anxiety*, que significa «ansiedad»). Pues resulta que hay una razón que explica los efectos depresivos y ansiolíticos del alcohol una vez que desaparece ese primer subidón de falsa confianza en uno mismo que nos procura.

El cuerpo humano cuenta con una serie de sistemas que funcionan de manera conjunta: desde los nervios que recorren todo el organismo hasta las diminutas células que nos defienden de las sustancias nocivas. Una parte esencial de todos esos sistemas la forma un neurotransmisor llamado ácido gamma-aminobutírico (GABA).[1]

El GABA regula el sistema nervioso, responsable del equilibrio corporal, la capacidad de movimiento, los procesos de pensamiento, el estado de alerta, los cinco sentidos, etcétera. El GABA también tiene un efecto calmante y puede bloquear las señales del sistema nervioso central, por lo que por lo general ayuda a reducir la ansiedad y otros síntomas relacionados con la salud mental, pero este neurotransmisor no puede funcionar correctamente en determinadas circunstancias, como con el consumo excesivo de alcohol. Los estudios demuestran que el alcohol reduce la producción de GABA, provocando efectos secundarios que pueden causar daños físicos, emocionales y mentales. Es una de las razones por las que, a pesar de lo bien que te sientas en una noche de fiesta, a veces te despiertas ansioso, cohibido o arrepentido, ¡aunque no hayas hecho nada bochornoso la noche anterior!

1 <https://www.lavanguardia.com/cribeo/estilo-de-vida/2019 0630/47436876115/hangxiety-o-cuando-a-la-resaca-del-dia-siguien te-se-le-une-la-ansiedad.html>.

En fin, volvamos a mi historia. Dejé el instituto, y la tristeza que sentí fue enorme; tener que despedirme de las personas y los lugares que constituían mi red de seguridad me dejó destrozado. La siguiente etapa era territorio desconocido para mí, y me aterrorizaba.

Empecé la universidad y empecé a beber aún más para poder seguir con mi día a día. Mi ansiedad social había alcanzado niveles máximos, así que los domingos por la mañana estaba agotado, deshidratado y desesperado. No soportaba estar solo en ese estado y, ansioso por sentirme conectado a alguien, cogía el móvil, me inventaba números de teléfono y marcaba. Muchas veces lo que me funcionaba era coger un número que ya existía y cambiarle las dos últimas cifras.

Eso también me creó una dependencia porque debía tener el móvil siempre con saldo. Entonces teníamos móviles de prepago —todavía no se hacían contratos—, de modo que volví a los bocadillos de remolacha y mayonesa para asegurarme de tener siempre saldo suficiente.

Llamaba a números aleatorios con mi móvil de prepago. Si me contestaba un chico, le decía: «Perdón, me he equivocado de número», y colgaba.

Si quien me contestaba era una chica, preguntaba por un amigo mío y me decía: «Te has equivocado de número».

Me disculpaba y colgaba. Al cabo de un momento, le enviaba un mensaje de texto preguntándole de dónde era porque, por su acento, me había parecido que era de fuera. Y sí, soy muy consciente de que un mensaje así ahora mismo daría muy mal rollo y parece muy egoísta, pero a los diecisiete años me moría de ganas de conectar con alguien y no pensaba en nada más que en mis necesidades.

Aquello no me llevó a ninguna parte y, a pesar de más de cien intentos durante varios fines de semana, nadie me respondió.

Entonces, un buen día, mi teléfono emitió un pitido. Había recibido respuesta a uno de mis mensajes.

El mensaje de la persona en cuestión decía simplemente: «Soy de Londres. ¿Tú de dónde eres?».

«Yo soy de West Yorkshire», le contesté.

No recuerdo cómo siguió la conversación a partir de ahí, pero a las dos semanas ya estábamos hablando por teléfono y yo había planeado un viaje al sur para verla (era una chica).

En aquella época no se podían enviar mensajes con fotos, así que le remití por correo postal las fotos de un amigo mío diciendo que era yo. Me daba vergüenza enviarle una foto mía, porque estaba seguro de que no querría conocerme tal como era. Le conté un montón de mentiras para intentar venderle una versión mejor de mí mismo. Si a ella le gustaba algo, a mí también. Pensaba que si conseguía quedar con ella en persona, entonces me daría una oportunidad.

No me importaban los riesgos ni los peligros que corría. Mentí a mi madre y le dije que me iba a dormir a casa de un amigo. Luego cogí un autobús que tardó seis horas en llegar a Londres y después un tren que tardó otras dos horas en llegar a su pueblo. Nadie sabía dónde estaba yo y, la verdad, no conocía de nada a aquella chica, como tampoco su historia, ni siquiera qué intenciones tenía al quedar conmigo. Tan solo había contestado a un mensaje mío al azar. «Soy de Londres». Estaba tan desesperado que podrían haber escrito literalmente cualquier cosa en aquel mensaje y yo habría acabado en aquella misma situación, a cientos de kilómetros de casa sin que nadie supiera dónde estaba ni con quién.

Bueno, el caso es que nadie sabía dónde estaba mientras iba sentado en aquel vagón de tren, con unas flores que había cogido antes de subir, rumbo a un lugar en el que nunca había estado. Con cada estación que pasaba, cada vez estaba más lejos de casa, pero también más cerca de una extraña a la que solo conocía desde hacía dos semanas. El tren anunció el nombre de la siguiente estación y esa era mi parada. Estaba a punto de conocerla, esperanzado pensando que iba a estar allí. La seguridad me traía totalmente sin cuidado, solo necesitaba a una persona.

El tren se detuvo despacio. Para entonces ya había anochecido. Me puse el abrigo, cogí mi bolsa y me bajé del tren con las flores en la mano.

Me sonó el teléfono. Era ella. Yo era la única persona que había en el andén, y me preguntó: «¿Dónde estás?».

La miré avergonzado desde la otra punta de la estación, la saludé con la mano y dije: «Aquí. Soy yo».

Tenía mucho miedo. Me dieron ganas de volver a subirme al tren, pero ya era demasiado tarde. Las puertas se habían cerrado y este ya se había puesto en marcha. Me dieron ganas de vomitar, pero empecé a mover los pies y me vi andando hacia ella. No la miré cuando le di las flores. Apenas hablamos mientras caminábamos hacia el coche de su padre. Subimos y me encontré dentro del coche de un desconocido sin saber adónde me llevaban. En ese momento no tenía ningún control sobre la situación. El padre nos llevó a su casa mientras yo miraba por la ventanilla durante todo el trayecto, sin saber qué hacer. No había planeado llegar tan lejos.

Paró delante de la casa y se bajó. Yo también salí del coche y los seguí al interior. Entré en la casa y conocí a la familia, quienes por suerte se mostraron encantadores y muy hospitalarios. Tras unas breves presentaciones, muy incómodas y embarazosas, fuimos a la habitación de ella.

Entonces se puso delante de mí y me dijo repetidamente: «Mírame». Yo oía lo que me decía, pero me limité a fijar la vista en el suelo.

«Mírame», dijo de nuevo.

Me levantó la cara para que la mirara.

«¿Por qué no me lo dijiste? ¿Por qué no me dijiste nada?».

Le conté que tenía miedo de que, si le hubiera enseñado mi cara, no habría querido conocerme en persona.

Me miró, me besó y esa misma noche tuve relaciones sexuales por primera vez.

Un día en que las cosas podrían haber ido muy mal se convirtió en uno de los mejores días de mi adolescencia: de algún modo, había encontrado a alguien que me miraba y, a pesar de mis diferencias, me encontraba sexualmente atractivo, lo cual era algo muy muy importante para mí en aquella época.

Por respeto hacia esa otra persona, no voy a entrar en muchos más detalles sobre la relación. Tenía diecisiete años y ese fue el comienzo de una relación muy tóxica para mí que me llevó a hacer muchas cosas que no quería hacer, tanto en el plano emocional como en el terreno sexual. Nadie me obligó a hacer esas cosas, pero lo cierto es que emocionalmente sentía que tenía que hacer toda clase de cosas que no quería hacer para conservar la relación. Estaba entregado por completo, dispuesto a pagar cualquier precio.

Aquella fue mi primera relación y la viví con mucha dificultad. Tenía miedo de hacer algo que pudiera dar al traste con ella, así que no hacía más que dar y dar, cada vez más y más, sin límites y con un marco mental que solo contemplaba agradar y satisfacer a los demás, incluso en momentos en los que en el fondo sabía que debía dar un paso atrás. Sin embargo, sigo pensando que las cosas podrían haber ido aún mucho peor. Esa clase de desesperación ha tenido consecuencias nefastas para algunas personas, pues es el paso previo para una vida de traumas y remordimientos. No puedo insistir lo bastante en lo deprimido que estaba a una edad tan temprana, hasta el punto de que, literalmente, me traía sin cuidado lo que pudiera pasarme, aunque fuesen cosas terribles.

Por suerte, en aquella relación, aunque difícil, tuve mis momentos felices y no me ha dejado ningún trauma ni remordimiento persistentes. Aprendí mi primera lección sobre el amor y las relaciones sentimentales: hay que compartir los límites y respetarse mutuamente.

Explico todo esto para que entiendas que advertir a los chavales que se encuentren en una situación similar

—o, peor aún, amenazarlos— no sirve de nada. Cuando alguien está pasando por este clase de situación tan dolorosa, casi agradece los dramáticos episodios que la rodean, pues son una vía de escape para unos sentimientos que le resultan insoportables.

A mis diecisiete años, y teniendo en cuenta que era un chico desesperado por complacer a la gente, sin considerar ningún límite, necesitaba con toda mi alma sentir una conexión con otra persona.

Daba y daba sin cesar, desesperadamente.

Considero que, a su manera, mi pareja me protegió, y siento que sí me quería. Sin embargo, durante ese tiempo, me gasté todos mis ahorros y elegí hacer cosas que me hacían daño; me puse en situaciones en las que sentía celos y, como adolescente, ¿cómo gestionas eso? Me limitaba a guardármelo todo dentro, yo solo, intentando conservar la calma con la esperanza de que la relación siguiera adelante, de que siguiéramos juntos.

A pesar de todo por lo que estaba pasando, pensaba que entonces yo era como todos los demás: tenía una persona a mi lado que me encontraba sexualmente atractivo, y eso era lo único que me importaba. La situación se prolongó durante meses y luego la relación terminó. La ruptura me destrozó. Había perdido lo único que me hacía sentir completo. Confiaba tanto en esa persona que creo que yo habría sido incapaz de cortar con ella, al margen de cómo me sintiera.

Años después, al volver a pensar en ello, lo más importante que aprendí de aquella relación fue que dependía demasiado de ella, de otro ser humano, para sentirme completo, aceptado, amado, para sentir que formaba parte activa de algo. A pesar de que era una relación muy perjudicial para mí, la necesitaba, como una droga, y cuando se terminó sentí que no había nada por lo que mereciera la pena vivir, y eso me asustó.

No sentía ningún amor propio ni respeto por mí mismo en aquel entonces, así que si hubiese conocido a alguien que me demostrara aunque solo fuera una chispa de esfuerzo y compartiera una migaja de su amor, me habría parecido suficiente. Sentía que eso era todo a lo que podía aspirar y lo aceptaba.

Completamente destrozado por la ruptura, empecé a tocar fondo y me hundí más aún en la oscuridad del mundo.

Me encerré a solas con todos mis pensamientos. No sentía alegría de ninguna clase; todo a mi alrededor era negatividad y ya no quería sentir nada. Quería que mi vida terminara.

A los dieciocho o diecinueve años, bebía y salía con mis amigos, los mismos del instituto, los mismos que me demostraban su afecto y me recordaban a diario que era uno más de ellos, pero yo estaba empeñado en aquella búsqueda enfermiza de encontrar a otra persona. Necesitaba volver a sentirme atractivo. Eso nunca ocurrió. Aquellas noches seguían el mismo patrón que mis fiestas del instituto: la primera hora o así lo pasaba bien, ahí, con todos mis colegas, pero luego no tardaba en convertirse en un lugar tóxico y oscuro para mí mientras veía a los demás conocerse, mezclarse, reír y disfrutar de la vida cuando yo me sentía como un extra en una película, viendo como se enrollaban los protagonistas. Lo contemplaba todo con envidia desde la barrera, pero no podía competir. Aquel no era mi sitio. A pesar de darlo todo, de entregarme por completo, no era lo bastante bueno. Nadie me veía; era como si ni siquiera estuviera allí.

Por esa época conocí a una chica y empecé a quedar con ella; era otra persona que, como yo, tenía muchos traumas. Vivía en un centro de acogida temporal para casos de emergencia y tenía un historial de consumo de drogas.

Una noche fui a verla al centro en el que se alojaba y vi como alguien sufría una sobredosis. La gente se arremolinaba alrededor de esa persona, que yacía tumbada en el suelo, sin saber muy bien qué hacer. Había lágrimas, gritos, discusiones, reproches. Llamé al número de emergencias para pedir ayuda.

Aquella noche me asusté. Me marché de allí solo y me fui a casa.

Todavía vivía con mi madre, que seguía durmiendo en el sofá de abajo y que siempre me preguntaba cómo me había ido la noche.

No le conté nada.

Pasaron los días y no tenía noticias de la chica con la que salía. La llamé una y otra vez, pero no obtuve respuesta. Al final, volví al centro de acogida con la esperanza de verla. Llamé a la puerta y me atendió una cara conocida.

«Jono, ella ya no vive aquí», me dijo.

Me explicaron que estaba bien, pero que la habían realojado en otro sitio y que no tenían sus datos de contacto. Me lo tomé como otra pérdida. Otra persona había vuelto a dejarme, así que, hiciera lo que hiciera, no podía evitar que la gente me abandonara.

Muchas veces me pregunto hacia dónde me habría llevado la vida si ella me hubiera respondido aquel día. ¿Habríamos vuelto a conectar? Yo todavía no tenía límites… así que, ¿qué oscuro camino habría seguido, desesperado por conectar con otra persona?

Estuve muy cerca del abismo de la droga, y aún no entiendo del todo cómo conseguí salir de allí sin probar ninguna. Entiendo que esto puede parecer muy injusto a algunas de las personas que me están leyendo. Quizá conoces a alguien que ha muerto por una sobredosis. ¿Por qué yo evité caer en las garras de la droga y esa persona no? No puedo responder a esa pregunta; lo único que sé es que mi corazón ha estado sumido en la oscuridad. La gran Pema Chödrön escribió una vez:

La compasión no es una relación entre un médico y su paciente, sino una relación entre iguales. Solo cuando conozcamos a fondo nuestra propia oscuridad podremos estar presentes en la oscuridad de los demás. La compasión se vuelve real cuando reconocemos nuestra humanidad compartida.[2]

Experimentar esos lugares oscuros, siendo vulnerable y hablando abiertamente de ellos, me ha permitido conectar con mucha gente de todo el mundo, más allá de los diagnósticos y de las barreras lingüísticas. Eso no me hace mejor persona. Solo soy su igual, tu igual.

Cuanto más amor propio he desarrollado a lo largo de los años, a más personas he atraído, de todas las formas

2 Chödrön, P. (2015) *The Places That Scare You*. Boston: Shambhala. [Trad. cast.: *Los lugares que te asustan: Convertir el miedo en fortaleza en tiempos difíciles*. Trad. de Nuria Martí, Espasa, 2002.]

posibles, y reconozco más que nunca lo que me conviene y lo que no.

Esa otra persona con la que mantienes una relación sentimental, esa persona que está a tu lado, es una de las mayores inversiones emocionales que puedes hacer en la vida: ¡no te conformes con cualquiera!

Teniendo en cuenta todo lo anterior, vamos a echar un vistazo a tus relaciones actuales con miembros de la familia, amigos, parejas y compañeros de trabajo. Quiero que te hagas esta pregunta: ¿son relaciones sanas?

Estoy seguro de que muchas lo son, pero en algún caso, ¿estás dejando que la otra persona te quite parte de tu energía, de tu valía? ¿Piensas que en alguna de esas relaciones no se están respetando tus límites?

Ahora sabemos, por este último capítulo, dónde están nuestros límites. Si los estableciéramos en nuestras relaciones actuales, ¿quién los respetaría?

Sé lo difícil que puede ser poner punto y final a nuestra relación con algunas personas, pero lo cierto es que en tu círculo necesitas contar solo con la gente que te conviene.

5

¿LE IMPORTA A ALGUIEN?

Con todas las etapas por las que vamos pasando en la vida, seguro que alguna vez te has preguntado: «¿Qué sentido tiene hacer esto?». Puede que hayas pensado que a nadie le importa lo que te pase. «¿Para qué me molesto siquiera?».

Incluso a pesar de haber hecho ya el trabajo de introspección necesario, de sentirnos seguros de nosotros mismos y de ser nuestro yo más auténtico, podemos seguir sintiéndonos así. Yo pasé por una fase de mi vida en la que sentía que era invisible para los demás y que no le importaba a nadie. Cuando atravieso alguna etapa difícil, puedo volver a caer en esos pensamientos negativos.

Hubo un tiempo en el que, de golpe y porrazo y sin saber muy bien por qué, empecé a echar de menos a mi padre biológico. Todos mis amigos parecían tener padre.

No sabía si eran modelos positivos o no —simplemente di por sentado que lo eran—, pero los veía cuando llevaban a sus hijos al instituto, o los fines de semana, o aparecían en las conversaciones: «Mi padre y yo hicimos esto ayer»; «Mi padre dice que cuando estás con una chica tienes que hacer esto».

Me parece maravilloso que me haya criado una madre soltera, y una madre soltera mayor, de hecho, porque eso me ha provisto de un montón de grandes cualidades y me ha convertido en alguien capaz de sentir emociones. A mí me educaron para llorar con libertad y tener conversaciones difíciles. En aquel momento de mi vida había perdido esa capacidad, pero seguía estando presente en algún rincón.

Sin embargo, cuando salía a la calle y veía a algún padre compartiendo un momento especial con su hijo, me invadía la tristeza. Anhelaba lo que creía que podría aportarme un padre: me llevaría en coche (mi madre no conducía), me ayudaría a encontrar novia, me enseñaría a marcar un gol en el jardín trasero de la casa y, sin duda, se aseguraría de que fuera a la peluquería.

A veces fantaseaba con la idea de que tal vez, algún día, cuando tuviera mi propia familia, podría ser el padre que nunca tuve. Eso me motivaba, pero esa motivación desaparecía enseguida al pensar que nadie querría tener hijos conmigo.

En la adolescencia descubrí que había un cincuenta por ciento de probabilidades de transmitir mi enfermedad (el síndrome de Treacher Collins) a los hijos que pudiera tener, y a medida que me hacía mayor, cada vez le daba más vueltas a ese dato.

Ahora tenía que encontrar a alguien que, además de considerarme atractivo, no tuviese inconveniente en aceptar ese riesgo. Me atormentaba emocionalmente a mí mismo antes de que eso fuera una realidad siquiera.

Pensaba: «Seguro que esa figura paterna imaginaria sabría darme buenos consejos al respecto».

Había crecido rodeado de críos en casa las veinticuatro horas al día, siete días a la semana, y me encantan los niños. A decir verdad, yo mismo sigo siendo un niño grande, así que me veía perfectamente teniendo hijos en mi futuro: un Jonathan de ojos azules en miniatura, correteando por todas partes, quitándose el audífono cuando le hablara. Esas fantasías me hacían sonreír.

Pero ¿y los riesgos para la salud y todo el sufrimiento que conlleva padecer Treacher Collins?

Si llegaba a conocer algún día a alguna a una chica a la que le gustara, ¿cuándo se lo diría? ¿En el mismo momento de conocernos? ¿Sería transparente desde el principio y le haría saber lo que le esperaba en el futuro? Si hacía eso, ¡seguro que salía por patas!

Pero ¿y si no se lo explicaba y ella acababa enamorándose de mí y no se lo decía hasta entonces? Eso tampoco sería justo.

Era solo un adolescente y ya estaba librando esa batalla interna, una batalla con la que ni siquiera me correspondía lidiar en ese momento, pero, como antes, me obsesioné con ello. De algún modo acabé pensando: «Algún día me haré una vasectomía y así no tendré que preocuparme nunca más». Esa era mi respuesta infantil al problema.

Se estaba librando una guerra en mi interior. Aparté a todos los aliados que tenía en mi vida y los mantuve bien lejos de mí, creyendo que una especie de fantasma con forma de padre era la respuesta.

El alcohol me nublaba el juicio y me hacía sentir aún más deprimido y confuso.

«¿Por qué no le importo a nadie?».

Sí le importaba a la gente, sí le importo a alguien, pero como no obtenía respuestas inmediatas a mis preguntas, como no encontraba la felicidad instantánea, no sentía ni conectaba con todas las cosas que tenía la suerte de tener, y tenía muchas.

Cuando me hice mayor, empecé a ir a discotecas con mis amigos. Me parecían los lugares más humillantes del mundo. Me vestía con mis mejores galas, me peinaba y me arreglaba lo mejor que podía, bebía antes de salir, pero seguía sintiendo muchos nervios y ansiedad.

Siempre quedaba con mis amigos fuera; no sé por qué, pero me sentía más seguro así, pero en cuanto llegaba al sitio en cuestión, me iba al baño presa del pánico e intentaba calmar mi ansiedad. Me miraba en el espejo para asegurarme de que no había nada criticable (aunque, dicho esto, si preguntaran a mis amigos, dirían que, en cuestión de moda, mi estilo era más que cuestionable).

Esas visitas al baño se hacían cada vez más frecuentes a lo largo de la noche y empecé a esconderme.

Cuando no estaba escondido, estaba con mis amigos, mirando al suelo, con miedo de establecer contacto visual con alguien. Miedo a relacionarme, miedo a hacer el ridículo, miedo a que me vieran, miedo a estropearles la noche a mis amigos. Estos me querían, y si veían que alguien me trataba mal, siempre intervenían, pero yo no quería que eso pasara. No quería encontrarme en una situación en la que tuvieran que intervenir para defenderme. Tenía mucha suerte de tenerlos, pero pasaba mucha vergüenza cada vez que ocurría algo así. Me invitaban a ir con ellos de viaje en vacaciones, pero yo siempre decía que no por la misma razón: la gente no sería amable, mis amigos tendrían que intervenir y defenderme, se pelearían y yo les fastidiaría las vacaciones.

En las discotecas, en la pista de baile, sentía que todos socializaban con todos, se mezclaban con todos, de buen rollo y conectando con el mundo que les rodeaba. Yo me moría de ganas de conectar con alguien.

Las noches que salíamos, siempre había una canción final que nos reunía a todos para un último baile. La música empezaba a sonar y, de repente, aparecían todos mis amigos con una sonrisa radiante en la cara: levantando los brazos, abrazándose y cantando todos juntos en un corro gigante. Por un momento, formo parte de todo aquello, junto a mis amigos, conectados por una canción.

En particular, me acuerdo de una versión más alegre y bailable de una canción de John Denver con la letra «*Country roads, take me home / To the place I belong*».[3] La canción aceleraba y luego se volvía más lenta, sonaba más alto y luego más bajo. Cantábamos a pleno pulmón.

Pero poco a poco, la canción se iba acabando y yo veía marcharse a mis amigos, algunos con sus parejas, otros con gente a la que habían conocido esa noche y otros se iban al establecimiento de comida para llevar. Era como una despedida en toda regla y se me hacía un nudo en el

3 «Las carreteras rurales me llevan de vuelta a casa / al lugar al que pertenezco». (*N. de la T.*)

estómago. Ese aspecto de ir a la discoteca no tardó en convertirse en la peor parte de la noche para mí. La música se acababa, ya no había lugares donde esconderme y de pronto me veía en un local de comida para llevar lleno de luces fluorescentes, o en una cola con gente aburrida y borracha. «La última oportunidad para ligar», bromeaban mis amigos.

Odiaba esos sitios. A nadie le importaba que yo estuviera allí, a nadie le importaba si me iba o no. Así que eso es lo que hacía: me iba solo y echaba a andar por mi cuenta.

Pero la verdad es que yo había hecho que fuera así. A la gente sí le importaba, lo que pasaba es que había perdido la capacidad de pedir ayuda cuando más la necesitaba.

De la ciudad hasta mi casa había unos cinco kilómetros a pie, y caminaba solo, con la cabeza sumida en los pensamientos más negros.

Atravesaba la ciudad a pie. Las casas iban menguando poco a poco hasta que llegaba a un tramo de la carretera entre campos de cultivo y un crematorio, que era donde estaba la carretera principal que iba de la ciudad hasta el pueblo donde vivía. La carretera empieza en lo alto de un cerro y va bajando hasta llegar al crematorio. A mí siempre me daba miedo pasar junto al crematorio, así que solía ir por el medio de la carretera.

Una noche, mientras iba andando por esa carretera, se me acercó un taxi a toda velocidad y estuvo a punto de atropellarme. Por suerte, conseguí saltar hacia el arcén, pero el corazón me iba a mil por hora y sentí que me flaqueaban las rodillas al darme cuenta de que el vehículo había estado a punto de atropellarme.

Me quedé allí, inmóvil, y me eché a llorar. Sentí un profundo dolor. Deseé que ese taxi me hubiera atropellado.

Miré a mi alrededor. Buscaba esperanza, pero lo único que veía era aquel largo camino rural que tenía delante.

Me acordé de la canción de John Denver:

Country roads, take me home
To the place I belong...

Sentía que aquel no era mi mundo, un mundo obsesionado con la imagen y el físico; que no pertenecía a él. Quería ir al lugar al que pertenecía.

Solo que no sabía dónde estaba ese lugar. No tenía ninguno. No tenía un lugar seguro. Nunca he intentado quitarme la vida, pero a partir de ese momento acaricié la esperanza de verme envuelto en un trágico accidente que acabara con todo.

Es un pensamiento egoísta, pero ha habido veces que he deseado que el avión en el que viajaba no lograra atravesar el océano; he caminado por carreteras que sabía que eran peligrosas con la esperanza de encontrarme con la persona equivocada en el momento equivocado; he rezado y deseado cosas que me da vergüenza admitir, porque hay gente que tiene que enfrentarse a la angustia de perder a alguien de esa manera, y eso les cambia la vida a ellos y a muchísimas otras personas a su alrededor. Pero yo solo quería acabar con mi vida.

Paso a paso, seguí caminando hacia mi casa, los pensamientos fortaleciéndose con cada paso que daba. Las farolas iluminaban el camino mientras pasaba algún que otro taxi ocasional. Todas las casas estaban en silencio y no se veía un alma.

«Si desapareciera de este mundo, ¿me echaría alguien de menos?».

Cuando llegué a mi casa, me serené. No podía dejar que nadie me viera así, sobre todo mi madre.

Entré y me escabullí escaleras arriba. Me metí en la cama, me quité el audífono y cerré los ojos con aquellos nuevos pensamientos en la cabeza.

¿Estás preparado para profundizar un poco más?

Deja que te haga la siguiente pregunta: ¿cuáles son los pensamientos más aterradores que te rondan la cabeza ahora mismo, los que te da miedo admitir?

Y la siguiente pregunta es difícil de responder, pero te lo pregunto porque a mí me lo han preguntado y poder hablar de ello me sirvió de gran ayuda:

¿Has tenido alguna vez pensamientos suicidas o pensamientos sobre la muerte?

¿Sabes que no eres la única persona que se siente así?

Yo he tenido pensamientos suicidas y en algunas etapas de mi vida he pensado mucho en morir.

¿Sabes que hay gente que se preocupa por ti y que hay muchas personas dispuestas a escucharte y apoyarte?

Es sumamente importante encontrar a alguien con quien puedas hablar, no importa lo negros que sean tus pensamientos. Un amigo o amiga, o a veces un desconocido, pueden escucharte sin más mientras hablas de cómo te sientes, y es un gran alivio poder abrirte a ellos.

¡No estás solo! Compartiré más experiencias personales sobre este tema más adelante en el libro.

Recuerda: estamos juntos en esto.

Estoy seguro de que a todo el mundo se le pasan pensamientos aterradores por la cabeza, y optamos por ignorarlos o simplemente rezamos y esperamos que desaparezcan.

Pero ¿qué ocurre si no desaparecen? ¿Qué pasa si te consumen hasta el punto de que ya no tienes forma de volver atrás?

Por favor, quítate esas ideas de la cabeza.

En 2021 me puse el reto de encontrar cada día algo que me gustara de mí mismo y publicarlo en redes, compartiéndolo en mis perfiles para tenerlo documentado y poder consultarlo en el futuro. A veces me costaba mucho. Descubrí que era como hacer ejercicio: necesitaba días de descanso para prestar atención a mis sentimientos, pero al final encontré ciento setenta cosas que me gustaban mucho de mí mismo.

Durante ese año revisé todos y cada uno de los aspectos de mi vida: los buenos, los malos y los más dolorosos. Incluso volví a recorrer aquel camino de cinco kilómetros andando, a las tres de la mañana, pasando por el crematorio, hasta mi pueblo. Esta vez, al recorrerlo, sentí cuánto había avanzado en mi crecimiento personal.

Mientras hacía todo eso, leí mis informes de adopción, que tengo la suerte de conservar conmigo. Tengo unos quince en los que constan las declaraciones de las personas que se reunían para hablar de mi situación y mi futuro.

En el encabezamiento de cada informe figura la fecha, la hora y el lugar, y debajo hay una lista con los nombres de las seis personas que asistieron a cada reunión para hablar sobre mí.

No conozco a esas personas, pero lo que sí sé con certeza es que yo no tenía nada que ofrecerles —ni dinero ni siquiera un agradecimiento—, pero lucharon por mí y por mi futuro.

Puede que tú no lo veas, pero hay personas ahí fuera que se preocupan por ti y acabarás dándote cuenta. Por favor, no lo olvides.

Párate un momento a pensar en quién ha estado pendiente de ti últimamente: ¿quién te ha llamado?, ¿quién te ha mandado algún mensaje de texto?

¿Quién ha querido hacer planes contigo? ¿Quién te ha dedicado esa sonrisa que dice «estoy aquí para lo que necesites»?

¿Cuándo fue la última vez que llamaste tú o te pusiste en contacto con alguien tú también? Es algo recíproco. Estoy seguro de que tienes muchas personas a tu alrededor que estarían a tu lado si se lo pidieras, y la única razón por la que no lo están es... ¡porque no les has pedido ayuda!

Estamos tan ensimismados en nuestros pensamientos negativos que con frecuencia dejamos pasar muchas oportunidades de que la gente nos ayude o nos tranquilice asegurándonos que siempre van a apoyarnos.

¡He sido una persona querida durante toda mi vida!

Incluso cuando no me daba cuenta, cuando no lo veía o no lo entendía, la gente me quería, hasta en las situaciones más difíciles.

Así que ahora quiero compartir mi amor y mi respeto por mi pedazo de abuela «secreta», toda una campeona.

Cuando me dieron en adopción, algunos miembros de mi familia biológica intentaron mantener el vínculo conmigo, y mi abuela materna fue uno de ellos. Se puso en contacto conmigo sin decírselo a su familia (mi familia biológica). Lo hizo todo en secreto para no herir a nadie mientras intentaba forjar una relación conmigo.

De niño pensaba que era genial tener una abuela secreta.

No me dejaban llamarla por teléfono ni escribirle, pero de vez en cuando recibía unas cartas manuscritas preciosas, y luego mi madre y yo organizábamos reuniones secretas con ella.

Quedábamos en la ciudad para tomar algo.

En los cumpleaños y en Navidad me enviaba tarjetas de felicitación con un billete de cinco libras dentro para que me lo gastara en lo que quisiera. Incluso me compró mi primera camiseta de fútbol de la selección de Inglaterra.

De niño aquello era lo más.

Sin embargo, como adulto, esa es una de las cosas que me provoca muchos sentimientos encontrados. Nos conocimos en secreto porque ella quería formar parte de mi vida cuando los demás no querían.

Es tan maravilloso como trágico.

Toda mi experiencia con mi hogar de acogida y como niño adoptado estuvo jalonada por muchas situaciones emotivas en cada paso del camino. Mi experiencia estaba llena de héroes, no de villanos, pero a veces también se inundaba de dolor y angustia. Por último, y lo que es más importante, estaba llena del amor de personas maravillosas que se preocupaban por mí y que hacían todo cuanto estaba en su mano por mí, en todo momento.

Así que lo cierto es que a la gente le importas, aunque tú no lo sientas de ese modo. Y siempre es algo recíproco. Dentro de ti, ahora mismo, tienes el poder de cambiar la vida de alguien para siempre. Puede ser una sonrisa, un apretón de manos, una llamada telefónica u ofrecerte a salir a tomar una cerveza o un café. Esas cosas son heroicas para algunas personas, ¡y todos las necesitamos en nuestras vidas!

¿Qué te parece si hacemos una lista ahora mismo de todas las personas que se preocupan por ti?

Escribe tu nombre en el centro de la hoja y luego anota alrededor los nombres de todas las personas de tu entorno que se preocupan por ti. Pon más cerca del tuyo los nombres de las personas que crees que más se preocupan. Estoy seguro de que cuanto más lo pienses, descubrirás que hay muchísima gente en tu vida que se preocupa un montón por ti. A veces simplemente no nos damos cuenta, pero están ahí.

Ahora quiero que pienses cuándo fue la última vez que te pusiste en contacto con esas personas. ¿Cuándo las llamaste, les enviaste un mensaje o las invitaste a tu casa? Hazlo ahora y pregúntales cómo están. Procura estar dispuesto a escuchar y a no ponerte a hablar tú inmediatamente. Cuando lo hayas hecho, sigue escuchando un poco más. ¡Escucha a esas personas como te gusta que te escuchen a ti!

6

¿SE PUEDE FINGIR HASTA CONSEGUIR EL OBJETIVO?

Aunque me resultaba difícil ser fiel a mí mismo cuando tenía pareja, no me resultaba mucho más fácil que cuando estaba solo, y muchas veces me sorprendía «fingiendo» parte de mi personalidad e identidad, solo para salir del paso. Fingía que estaba bien, fingía quién era, fingía mi personalidad y mis creencias, y fingía ser una persona segura de sí misma.

Pero cuanto más fingía, más se diluía mi verdadera forma de ser y más convencido estaba de que no podía ser mi yo auténtico, de que no podía vivir y ser aceptado en el mundo que me rodeaba.

Sentía que tenía que ser siempre «algo más» para gustar y ser aceptado, y que si fingía quién era, si intentaba ser como todos los demás, no me rechazarían. Si fingía lo suficiente, quizá lo «conseguiría» y los demás me aceptarían.

Uno de los primeros recuerdos que tengo de cuando empecé a fingir fue cuando comencé a beber alcohol, a los dieciséis años, lo que me llevó a desarrollar una seguridad en mí mismo y una personalidad falsas. En retrospectiva, coincidió con una fase en la que sentía un odio muy profundo hacia mi cara. Quería alejarme el máximo posible de mi verdadero yo, así que copiaba los rasgos de personalidad de mis amigos. Seguía sus creencias y pensamientos. Ninguna de mis ideas ni mis creencias era original. Observaba el entorno que me rodeaba e imitaba en todo lo posible a los demás.

Me desvivía por llamar la atención. Me moría por ser un ser humano «atractivo».

Mi cerebro adolescente de dieciséis años pensaba: «Si mi cara no es todo eso, haré que mi cuerpo sea el mejor cuerpo posible».

Conseguí un empleo a tiempo parcial en el supermercado local, reponiendo los lineales y cobrando en las cajas. Fue mi primera experiencia laboral y, aunque lo odiaba, me encantaba la gente que trabajaba allí, que pronto influyó en mí.

Hice una amiga y empezó a llevarme a la ciudad, donde tomábamos café e íbamos a las tiendas de ropa de diseño.

Recuerdo que me decía que siempre tenía que llevar un buen par de zapatos, porque era algo en lo que las chicas se fijaban mucho, de modo que cuando me dijo eso, empecé a gastarme todo el sueldo en zapatos. Así de influenciable era yo. Cuando lo recuerdo, veo que esa persona no tardó en convertirse en una influencia positiva en mi vida. Se convirtió en mi nueva heroína.

A medida que iba cumpliendo años, la relación con mi madre hacía que quisiera protegerla. Me daba cuenta de que era mucho mayor que las demás madres y, teniendo en cuenta la brecha generacional, sus ideas sobre la moda y las relaciones no coincidían con lo que yo quería. También era la edad en la que sentía que necesitaba más a un padre, alguien capaz de orientarme en esa etapa de mi vida. Todo me lo montaba yo solo en mi cabeza, un montón de tonterías, pero eso era lo que pensaba entonces. La amiga que he mencionado adoptó ese papel y continuó haciéndome de guía hasta la edad adulta.

Cuando ya me sentía más cómodo visitando la ciudad, me desplazaba solo hasta allí. Una vez que ya me hice con una colección decente de zapatos, empecé a comprar ropa de diseño. Supongo que pensaba que lucir una marca de diseño me daría instantáneamente puntos como tío «guay», y seguía necesitando todos los puntos que pudiera conseguir.

Mi amiga me ayudó a encontrar un peluquero y, cuando me quise dar cuenta, ya tenía un estilista y un especialista en color que me costaban un par de cientos de libras cada vez que iba.

Necesitaba todas esas cosas: se convirtieron en parte de mi identidad.

«Tienes que fabricarte el mejor envoltorio —pensaba—. Necesitas una razón para gustarle a alguien. Puedes complacer a la gente, puedes olvidarte de todos tus límites, pero sigues necesitando que haya algo que les guste de ti».

Si le gustaba a una chica, ¿qué les diría de mí a sus amigas? ¿Qué pensarían de mí sus padres? Todos los padres quieren que su hija traiga a casa al príncipe azul, y yo no podía sentirme más lejos de esa figura. «Crea algo que puedan llevar a su casa, crea algo que quieran compartir con sus padres, ¡véndeles una razón para que no te dejen!».

Fingía tener confianza en mí mismo y ser una persona feliz. Al seguir ocultando mis verdaderos sentimientos y emociones, todos los aspectos de mi vida se volvieron falsos, y hasta las anécdotas que contaba muchas veces eran exageradas o directamente mentira. Necesitaba impresionar a los demás, pero mi verdadero yo y mi verdadera vida no impresionarían a nadie.

Nadie sentía ningún interés por mi tristeza, nadie quería conocer mi dolor, así que fingía ser feliz y tenerlo todo controlado.

Vivía grandes conflictos internos, tanto a nivel emocional como con respecto al físico. Libraba una batalla en torno a la pregunta de «¿Puedo ser yo mismo?». ¿Era eso posible o debía intentarlo todo para encajar en el mundo y en lo que este esperaba de mí? En el fondo, me habría conformado con salir del paso con un poco menos de sufrimiento y conflicto.

No tardé en obsesionarme con mi cuerpo, no por mi salud, sino por su aspecto físico.

Quería hacer abdominales a todas las horas del día, los trescientos sesenta y cinco días del año, así que entrenaba continuamente, sin descanso, rotando los ejercicios, dejando que cada parte del cuerpo descansara los días en que entrenaba las demás. Hacía ejercicio en función de las lesiones, del cansancio o de mis horarios, y el ejercicio tenía prioridad. Necesitaba entrenar para perfeccionar mi cuerpo. Necesitaba ese cuerpo perfecto para gustarle a la gente.

Siempre me ha gustado comer: ¿te acuerdas de las pizzas? De niño me comía todo lo que pillaba, pero a medida que fui creciendo me costaba mucho comer. No me importaba el sabor, la experiencia o el placer que conllevaba la comida, sino que se convirtió en simple combustible, la cantidad mínima de carburante con la que tirar para adelante.

Me limitaba a comer únicamente gachas de avena con agua para el desayuno, y luego pollo y verduras para comer y cenar. Mi relación con la comida se volvió muy negativa. Intenté reducir de forma radical la cantidad de grasa, azúcar y carbohidratos que comía. Pensaba que eran alimentos «malos» y que me impedirían conseguir y mantener mis abdominales, pero lo cierto es que nuestro organismo necesita grasas y carbohidratos buenos para funcionar. Además, nuestro cuerpo tiene un aspecto sensacional cuando comemos esos alimentos y nos nutrimos y comemos de la manera adecuada. Y lo que es más importante, también funciona mejor, pero eso a mí no me entraba en la cabeza. Incluso llegué a limitar mi ingesta de agua: bebía a sorbos porque cuando bebía «demasiado», se me hinchaba la barriga. Es normal, es lo que se supone que debe ocurrir, pero yo no podía asimilarlo. Lo único que pensaba era que mis abdominales desaparecerían, así que me fustigaba aún más con un entrenamiento más duro y una dieta más estricta.

Luego me obsesioné con las camas de rayos uva. Me parecía que necesitaba estar moreno, ya que el bronceado me realzaba los músculos.

Corría dentro de la sauna —empezaba a correr allí mismo, sin moverme del sitio— para deshidratarme, para que la musculatura se viera aún más definida, y en las reuniones sociales intentaba presumir de cuerpo porque creía que eso era lo único que tenía que ofrecer.

Sabía que lo que hacía estaba mal. De hecho, cuando tenía diecisiete años, estudiaba ciencias del deporte, por lo que sabía cómo debía alimentar el cuerpo y también que necesitaba descansar, pero seguía sin hacer ningún caso, y todo porque no veía determinados resultados en el espejo, todo por ser alguien que no era, intentando ser alguien digno de encontrar pareja. Pero incluso después de todo ese esfuerzo, seguía sin encontrar a nadie. Nadie me quería y yo seguía sin sentir ningún afecto por mí mismo. No iba a ninguna parte.

A pesar de mis conocimientos cada vez más amplios sobre dieta, bienestar y ejercicio, hacía caso omiso de ellos y seguía cumpliendo a rajatabla mi férrea disciplina. Esta se convirtió en una parte nociva e innegociable de mi vida y, cuando no era capaz de seguirla, me costaba mucho salir de casa o pensar en otra cosa. Solo podía pensar en cómo compensarlo.

Me castigaba a diario tratando de conseguir un físico que creía necesario para que los demás me aceptaran. Me ponía delante del espejo, miraba mi cuerpo y analizaba cada centímetro. Me veía gordo y me castigaba con entrenamientos aún más extenuantes y dietas más severas. El lenguaje que utilizaba para referirme a mí mismo era cada vez más cruel. Seguía sin poder mirarme a la cara, pero examinaba mi cuerpo con atención y me decía que no era suficiente: «He comido demasiado, no he trabajado lo bastante, necesito pasar más tiempo en la sauna». Me trataba fatal.

Nuestro cuerpo cambia de forma natural a lo largo del día, del año y de toda la vida, y eso es francamente alucinante, pero yo no lo entendía en absoluto con mi mentalidad de entonces, dominada por el fingimiento, cuando ocultaba mis verdaderas emociones, mis pensamientos y mis sentimientos.

Mi confianza en mí mismo era falsa y frágil, y si alguna parte de mi rutina no me salía del todo bien, lo vivía como una derrota: ¿qué había pasado por alto, qué había hecho mal? Volvía una y otra vez a la rutina para intentar encarrilarla de nuevo.

Siempre he visualizado distintas situaciones en mi cabeza: imaginaba los más diversos escenarios y mantenía conversaciones con las personas que aparecían en ellos. En una de esas visualizaciones había una chica que le preguntaba a la chica que salía conmigo: «¿Por qué sales con Jono? ¿Qué ves en él?».

La chica con la que salía respondía: «Bueno, ya sé que de cara no es muy guapo, pero tiene un cuerpazo, y sé que hará lo que sea por mí, todo lo que le pida».

Así que en mi cabeza, ahora ya había una razón para salir conmigo.

Toda mi identidad estaba centrada en mi necesidad de estar con otra persona —para sentirme completo, colmado, para ser feliz— y fingía constantemente con la esperanza de conseguirlo.

Mi rutina diaria no tardó en apoderarse de mi vida. Consistía en lo siguiente:

Mi día empezaba con gachas de avena y agua, y luego hacía deporte.

Después del entrenamiento, pasaba cinco minutos corriendo dentro de la sauna antes de ducharme.

Me iba al centro de bronceado y luego volvía a casa y me bebía un batido de proteínas (de nuevo, hecho con agua).

Una vez en casa, me afeitaba todo el cuerpo.

Me arreglaba el pelo si lo necesitaba y luego me lo alisaba. Después, me ponía una loción para después del afeitado muy cara.

A continuación tocaba la ropa. (Me ponía un top o una chaqueta solo una vez para no repetir y que no me vieran con la misma ropa dos veces).

Completaba mi *look* con complementos como relojes, cadenas y anillos.

Zapatillas de deporte. (Para entonces ya tenía una colección enorme).

Quizá elegía otro tatuaje cutre por impulso.

Y todo eso solo para salir de casa.
Todo eso solo para poder ir tirando.

Almuerzo: una pechuga de pollo y un paquete de verduras congeladas.
Cena: lo mismo otra vez.
Crema autobronceadora antes de acostarme.
Repetición de la misma rutina.

A lo largo del día, me examinaba la barriga y tiraba de los cachos de piel que podía agarrar, despotricando y maldiciéndome a mí mismo si veía algo que no me gustaba.

Me paseaba por ahí con una sonrisa falsa y una actitud falsa, y lo más probable es que cualquiera que me viese diera por sentado que estaba perfectamente cuando en realidad era un desastre con patas, deshidratado y con bajo peso, ¡y hasta con el tatuaje cutre de un crucifijo en el brazo!

No llegué a darme cuenta de lo agotador que era todo aquello hasta que, con el tiempo, dejé de necesitar hacerlo. No es que me propusiera dejarlo exprofeso, sino que la rutina de ejercicio fue desapareciendo poco a poco a medida que iba encontrando casualmente aspectos de mí mismo que me gustaban. Hablaré más de eso más adelante. Pero cuanto menos fingía, ¡más energía tenía!

Me he dado cuenta de que muchas de las nuevas relaciones y conexiones con otras personas que establecí durante esa época no se basaban en la verdad, lo que dificultaba la tarea de forjar una base sólida en mi interacción con ellas. Algunas relaciones eran falsas del todo. La gente no llegaba a conocerme de verdad, pero eso era culpa mía, no de ellos: yo mismo les impedía conocer mi verdadero yo y, en cambio, les daba una versión de mí que era la que yo creía que querían. Eso frenó mi crecimiento personal y dio al traste con muchas oportunidades que se habrían dado de forma natural. Aunque creía que mi vida era cada vez más fácil y satisfactoria, en realidad me estaba alejando del lugar donde quería estar.

Todo lo relacionado con la salud, la alimentación, el ejercicio y las palabras que utilizamos para motivarnos debe estar originado desde el amor y ser siempre constructivo. Debe haber un equilibrio. Siempre deberían aportar algo a tu vida y no convertirse en una dependencia.

Si has hecho algo de lo que no te sientes orgulloso, es bueno ser crítico contigo mismo y admitir tus errores, pero tampoco te castigues demasiado.

Si quieres ese pastel, cómetelo. Si quieres otra porción, adelante. Simplemente no olvides que también necesitas cuidar tu cuerpo moviéndote, meditando o rezando y comiendo alimentos saludables.

Por suerte, ahora hay muchas cosas de mí mismo que me encantan: me gusta mucho el hecho de que soy muy fiel a todos mis sentimientos y mis actos.

Comparto con los demás mis verdaderos pensamientos y sentimientos, sean cuales sean.

Entreno cuando quiero y disfruto con ello. En ocasiones hago pesas, que a veces son con mucho peso y otras veces más ligeras.

A veces salgo a correr, hago senderismo o escalada.

Voy a clases de yoga o hago meditación guiada.

Descanso cuando lo necesito y no me castigo por permitírmelo. Ese descanso puede consistir en pasar un día en el sofá o una semana de relax.

No he pisado un centro de bronceado ni me he puesto crema autobronceadora desde hace años. Ahora tengo que hidratar mi piel para mantenerla más suave.

Me tomo alguna que otra cerveza o una copa de vino.

Como pizza hasta hartarme, seguida de un postre.

Intento estar más sano antes de las vacaciones, listo para lucir mis pantalones cortos al sol. Y en esas vacaciones cometeré algún que otro exceso.

Sin tanta obsesión por mi aspecto físico, ahora tengo más tiempo para tumbarme a echar la siesta, pero lo mejor es que siento que mi vida, mi mundo, es mejor por ello. Mi cuerpo es mi hogar, mi lugar seguro, y puede que se presente en todo tipo de formas, pero eso está increíblemente genial. Y desde luego, no necesito a otra persona para sentirme completo.

Ahora sigo el siguiente lema: «Come kale y bebe cerveza *ale*». Aunque la salud física o el bienestar mental es un equilibrio, no siempre lo están. Puedes pasar por fases en las que la automedicación sea tu medicina. El hecho de tener una pareja, un amigo, una práctica espiritual o un terapeuta fuertes puede ayudarte a decidir cuándo te estás excediendo o automedicando demasiado. Pero el principio de «comer kale y beber cerveza *ale*» —es decir, la idea de equilibrar los hábitos saludables con otros que no lo son tanto— significa que a veces toca kale y otras veces toca cerveza, y no pasa nada.

No puedes vivir siguiendo una proporción perfecta todos los días, pero lo que te devuelve el equilibrio es el hecho de que sabes que necesitas ambas cosas. Sabes que puedes tener ambas cosas y sabes que a veces tenderás más hacia una que hacia la otra. También puedes abusar de la autocuración y crearte una imagen poco sana de lo que significa estar sano (ocurre, por ejemplo, con la ortorexia, cuando te obsesionas de forma patológica con comer alimentos «puros», pero acabas sufriendo desnutrición).

¿Ahora mismo estás fingiendo en algún sentido o estás siendo tu verdadero yo?

¿Cómo es tu relación con la comida y el ejercicio?

¿Cuándo fue la última vez que el aspecto físico de tu cuerpo trajo un amigo nuevo a tu vida o te consiguió un trabajo? Probablemente nunca, ¿verdad?

¿Qué te dices a ti mismo cuando te miras en el espejo? ¿Eres benévolo contigo mismo o te tratas mal y te castigas?

Los pensamientos que nos dedicamos y el lenguaje con el que nos dirigimos a nosotros mismos cada día tienen una importancia fundamental.

Por ejemplo, como he explicado, todos mis pensamientos y las palabras que empleaba para aludir a mi rostro eran negativos y me consumían por dentro. A la mayoría nos ha pasado. Sin embargo, si convertimos esos pensamientos negativos en positivos, los positivos también pueden consumirnos, pero para bien.

Cuando hablaba de mí o contaba mi historia a alguien, decía cosas como «Mis padres biológicos me abandonaron por culpa de mi cara», y eso intensificaba aún más el dolor y el odio que sentía en mi interior.

Ahora digo: «Mis padres y yo tomamos caminos separados», lo que refuerza una actitud más sana y serena.

He aquí otro ejemplo: cuando me costaba hacer alguna tarea, como levantar un peso pesado en el gimnasio, pensaba en alguna ocasión en la que hubiese sufrido acoso en el instituto, por ejemplo, y, mientras la visualizaba, me decía a mí mismo: «Jono, no seas blandengue y demuéstrales a todos esos *bullies* cuánto se han equivocado contigo».

Entonces la rabia me daba fuerzas y me ayudaba a levantar las pesas, claro, pero ese impulso, esa motivación nacía de un sitio muy poco sano, por lo que revivía aquel sufrimiento una y otra vez.

Ahora, en cambio, me digo a mí mismo: «Vamos, Jonny, que tú puedes», y levanto las pesas.

El resultado es el mismo, pero esta vez lo alimenta un combustible más sano: ¡hay que adaptarse a los tiempos y utilizar un combustible más sano y sostenible!

Descubrí casualmente que a la gente le gusta más tu yo auténtico que una versión falsa de ti. Cuando vives eso en tus propias carnes, significa que te has abierto lo bastante para permitir que se produzcan conexiones trascendentales para tu vida.

A los diecinueve años, ya había experimentado esas relaciones difíciles, hacía una barbaridad de ejercicio, utilizaba unas palabras horribles para hablarme a mí mismo y no compartía con nadie mis sentimientos ni mis pensamientos más negros.

Mis amigos se iban de vacaciones y entraban en la universidad. Algunos incluso tenían hijos y se casaban. Empecé a esconderme de todo y de todos, convencido de que a mí nunca iba a pasarme nada de eso. Pero a pesar de esconderme y ahuyentar a todo el mundo, mis amigos seguían invitándome a todos sus encuentros y me incluían en todo. Yo seguía diciendo que no, pero ellos, erre que erre, seguían insistiendo.

Uno de mis mejores amigos se dio cuenta de mis dificultades y un día, hablando con él, vio que necesitaba un chute de energía vital.

Me preguntó cómo me iban las cosas, cómo me iba el trabajo, y le dije que todo era una mierda. No profundicé más, aparte de decirle que todo era una mierda.

Y entonces me dijo: «Oye, colega, ¿por qué no vienes a trabajar conmigo a un bar que conozco? Las chicas están buenas y podemos beber mientras trabajamos. Es el mejor trabajo del mundo, te encantará».

Teniendo en cuenta mi experiencia con los bares y las chicas, pensé: «No, ni hablar. Suena como lo peor de lo peor».

Pero después de unas cuantas conversaciones, debates y discusiones con él, cedí y decidí intentarlo.

Mi amigo me prestó una camiseta del trabajo y me dijo que podía empezar el jueves. Cuando se marchó, volví a quedarme a solas con mis pensamientos. «¿Se puede saber qué estoy haciendo? ¿Por qué yo? ¿Por qué todo tiene que ser tan difícil?». Pero el chaval joven que llevo dentro me decía: «¡Puede que te lo pases bien!».

La contradicción en mi cabeza era una tortura: miedo puro mezclado con el ansia de vivir y amar la vida.

Aquella ansia de vivir y amar la vida estaba enterrada en lo más hondo de mí, sepultada bajo la necesidad básica de sobrevivir. Así que, en esa ocasión, me sentí orgulloso de haber hecho aquel acto de fe y haber apostado por algo que realmente quería hacer.

Mi amigo me dijo que el uniforme del trabajo consistía en unos pantalones, los que quisiera, y la camiseta que me había prestado y que decía: FRANKIE SAYS REFLEX, una vuelta de tuerca al épico himno de los ochenta, *Frankie says relax*, la famosa canción del grupo Frankie Goes to Hollywood.

Esa semana me machaqué en el gimnasio, entrenando todos los grupos musculares. Controlé todo lo que comía y pasé más tiempo en el centro de rayos uva. «Tengo que tener el mejor aspecto posible si quiero causar buena impresión», pensé.

Llegó mi primer turno. Estaba nervioso y entusiasmado, cuando el entusiasmo era una sensación desconocida para mí.

Ese día seguí mi rutina diaria y me puse el uniforme, que había personalizado (mi marca personal, mi «yo», tenía que aparecer en algún sitio). Es raro, pero muchas veces me pasaba que, en cuestión de ropa, me gustaba llevar cosas que me hicieran distinguirme de los demás. Incluso en las fiestas del instituto tenía que destacar. Quizá era porque intentaba quitarle protagonismo a mi cara otra vez, no lo sé. Incluso conducía un coche de color verde chillón y llevaba una camiseta de los Backstreet Boys. Para ser sincero, si alguien repasara mi guardarropa, encontraría muchas prendas que destacan, la verdad.

Así que volviendo a la camiseta del trabajo: ¿cómo podía destacar entre todos los demás con aquello? Ni corto ni perezoso, cogí las tijeras de cocina que uso para arreglarme el pelo y recorté la camiseta para que me quedara mejor, para mi gusto, lo cual significaba acortarla para que, al levantar la mano, se viera algo de piel asomando por debajo de la camiseta. Luego le hice unas aberturas por toda la parte superior, para que se me viera más piel morena, con mi bronceado de pega (sí, es triste, lo sé).

Ese día pasé doce minutos bajo los rayos uva falsos de la cama solar y me alisé el pelo (estaba pasando por una fase emo y también tenía un mechón negro que me atravesaba el pelo rubio). Llevaba mi uniforme personalizado, enseñando brazos y pectorales, y me había matado a hacer ejercicio en el gimnasio.

Empecé mi primer turno con la mejor versión falsa de mí mismo —frágil y de falsa seguridad en mí— que fui capaz de crear. Las noches que salían los universitarios era cuando había más faena en el bar, y mi amigo me avisó de que conocías a cantidad de gente nueva y de que había muchísimas oportunidades de ligar. Eso me puso aún más nervioso. Odiaba conocer a personas que nunca habían visto mi cara. Estaba hecho un manojo de nervios, por no decir otra cosa. Ni siquiera recuerdo cómo llegué al bar aquella noche. Mi primer recuerdo es estar detrás de la barra yo solo, pensando: «¿Qué narices estoy haciendo aquí?».

Estando detrás de la barra con esos pensamientos agolpándose en mi cabeza, me volví hacia la izquierda y vi a mi amigo riendo y bromeando con el resto del personal del bar. Una idea se coló en mi cabeza: «Ojalá fuese él ahora mismo». (Ha habido muchos momentos en mi vida en los que he pensado justo eso: «Ojalá fuese cualquiera menos yo»).

El DJ estaba repasando los éxitos de los 80, las neveras estaban llenas de premezclas de alcohol y yo ya me había familiarizado con el entorno y el funcionamiento de la caja.

Mi amigo se acercó un momento a ver cómo me iba todo. Lucía una sonrisa radiante en la cara y bailaba al ritmo de la música mientras daba vueltas por el bar. El corazón me iba literalmente a mil por hora, y sentía que estaba a punto de salírseme del pecho.

A las siete de la tarde se abrieron las puertas, la hora decisiva. El corazón me latía cada vez más deprisa ante la expectativa de ver a un montón de gente cruzar aquellas puertas, pero no entró nadie, ni una sola persona. Durante la primera media hora no apareció nadie y mi corazón se apaciguó un poco. Luego entraron unas pocas personas a tomar algo. El personal más experimentado les atendió rápidamente y luego se dirigieron a la pista para dar los primeros y vacilantes pasos de baile.

Yo no tenía ninguna prisa por servir a nadie; estaba la mar de feliz sacando cajas de botellas de la bodega. Sin embargo, a las nueve de la noche el bar empezó a llenarse. Los estudiantes estaban listos para darlo todo; habían pasado todo el día hincando los codos y ahora querían salir de copas y beber para olvidar todos sus problemas.

Los primeros clientes a los que atendí fueron fáciles. No los miré a los ojos, anoté el pedido y les serví rápidamente sus bebidas, me pagaron y pasé al siguiente cliente. Misión cumplida.

Los veía a todos charlando entre ellos y sentía que, sí, estaba allí, pero era como si no formara parte de nada en realidad.

No entablaba conversación con nadie. No hacía ninguna broma, no había sonrisas de por medio: «Tú sírveles las copas para que puedan pasar a otra cosa y se olviden de ti».

A medida que avanzaba la noche, el bar estaba cada vez más concurrido y todos los pensamientos oscuros no tardaron en agolparse en mi cabeza: «Este no es mi sitio». Lo único que oía eran las voces, los comentarios. Solo percibía miradas, señalamientos y risas. No sé si era cosa de la imaginación, pero en ese momento sentí como si todos los sentimientos negativos que había experimentado en mi vida estuvieran concentrados en ese preciso instante detrás de la barra del bar. Quería desaparecer. «¡Este no es mi sitio!».

Necesitaba escapar de allí. Solo habían pasado un par de horas de mi primer turno, pero tenía que irme de allí. No dije nada a nadie, pero cogí mis cosas, agaché la cabeza y salí por la puerta trasera hacia la parada de taxis más cercana. Era un procedimiento que me resultaba demasiado familiar: irme antes de tiempo, marcharme solo, querer encontrar mi sitio, un lugar en el que sentirme a gusto, en el que sentirme querido.

Cuando llegué a casa, ¿quién me esperaba en la puerta? Mamá Jean, aguardándome con todo su amor y con mucha curiosidad.

«¿Cómo te ha ido?», me preguntó.

Estaba ahí esperándome, como siempre, dispuesta a escuchar, dispuesta a consolarme, de la manera que necesitara que lo hiciera. Una persona que habría hecho —y que aún hoy haría— absolutamente cualquier cosa necesaria para protegerme, para reconfortarme.

Me dieron ganas de compartir con ella el dolor que sentía y lo perdido que estaba. De verdad. Quería abrirme más que nada en el mundo.

Sin embargo, solo acerté a ofrecerle mi mejor sonrisa falsa y a decir despreocupadamente: «Me ha ido bien, pero no era para mí. El dinero, el horario… ese curro no es para mí».

Sonrió y me dio un fuerte abrazo. Cuando lo pienso ahora, creo que en el fondo sabía que yo estaba sufriendo, quizá no hasta qué punto, pero lo sabía. Y me lo guardé todo dentro, no le conté nada, convencido de que, de algún modo, la estaba protegiendo. Uno de mis mayores lazos de apoyo se rompió porque me negué a abrirme.

Volví a subir a mi habitación, odiando mi cara, odiando mi vida. «Si no puedo conseguirlo ni siquiera después de esforzarme tanto, ¿cómo podré hacerlo siendo simplemente yo?».

Ese fin de semana no hice nada. Apenas comí ni bebí. Solo dormí. Ni siquiera tenía ganas de hacer aquellas llamadas al azar para captar la atención que tanto ansiaba antes. No me quedaba nada dentro. Estaba vacío. Me limitaba a existir sin más.

Pasó el fin de semana. A la semana siguiente, mi amigo vino a verme.

«Hay tías más buenorras, colega, noches aún más épicas. Tienes que volver, tío».

No le conté lo que había pasado en mi primer turno. ¿Se había dado cuenta siquiera de que me había ido? No lo sé, pero por algo estaba allí. Había reconocido la necesidad de ir a verme, ponerse delante de mí y hacerme salir de nuevo al mundo.

No puedo insistir suficientemente en lo poco que me apetecía volver al bar, pero el caso es que mi amigo me trajo un uniforme nuevo y logró persuadirme para que fuera.

A la semana siguiente, la noche universitaria de nuevo, completé la rutina: me puse el uniforme y me situé detrás de la barra, solo, nervioso, sintiéndome mal, viendo a mi amigo pululando por allí y pasándoselo en grande. Pensé que ojalá fuese él. Hice todo lo posible, pero ni siquiera fingiendo podía tener acceso a nada de aquello.

Las puertas se abrieron a las siete en punto de la tarde. Una vez más, atender a los primeros clientes fue fácil, pero, de nuevo, cuanta más gente había, más ruido se oía. Lo único que percibía era toda la negatividad que se agolpaba en mi cabeza.

Volví a sentir la necesidad de largarme de allí, pero antes de que pudiera hacerlo un tipo entró en el bar y, sin querer, establecí contacto visual con él. Era enorme, iba cubierto de tatuajes de la cabeza a los pies y tenía unos músculos que ni siquiera sabía que existían.

Fue directo a mi lado de la barra. Cuando llegó, sacó su dinero, se apoyó en la superficie y se me quedó mirando fijamente.

Sabía que iba a decirme algo, así que aparté la mirada y recé para que otro camarero le atendiera antes de que yo llegara hasta donde estaba él.

Estaba seguro de que iba a convertir mi noche en una pesadilla.

Seguí atendiendo a los clientes en la barra, de derecha a izquierda, y noté cómo se me aceleraba el corazón conforme me acercaba a él.

«Tengo que largarme de aquí».

Evidentemente, nadie más atendió al tipo y de pronto me encontré de pie frente a él, mirándome los pies.

Le pregunté qué quería beber.

En lugar de contestar, me preguntó como si tal cosa:

—Espera un momento, tío. Antes de que me sirvas, ¿se puede saber qué te ha pasado? ¿Por qué tienes esa cara?

Se me encogió el estómago. Pensé: «Trágame, tierra». Odiaba hablar de mi cara, sobre todo en público.

—¿Qué quieres tomar? —volví a preguntarle.

Seguía sin captar la indirecta. Seguía sin darse cuenta de que yo estaba increíblemente incómodo.

—¿Qué te ha pasado en las orejas, por qué las tienes así?

Murmuré que había nacido así.

—¿Qué quieres beber?

Una vez más, seguía sin estar preparado para pedir y señaló mi audífono.

—Eso es un audífono. ¿Qué oyes sin audífono?

—Nada, colega —le dije.

Luego sonrió.

—¿En serio? ¿No oyes nada? ¿Nada en absoluto? Pues qué suerte tienes, tío. Ojalá yo tuviera esa opción, elegir cuándo puedo oír y cuándo no.

—¿Por qué?

—Pues porque tengo a mi mujer en casa y siempre está rajando. No calla. En cuanto llego a casa es como si hubiera comido lengua y no para de hablar. Ni siquiera se para a tomar aire. A veces haría cualquier cosa por un poco de paz.

Me eché a reír, lo miré con una sonrisa y le conté que cuando estoy harto de la gente o de la vida en general, apago el audífono. Me encanta poder hacer eso.

Entonces ocurrió algo alucinante. Me preguntó cómo me llamaba.

Cuando le dije mi nombre, me tendió la mano, me dijo su nombre y nos la estrechamos.

—Encantado de conocerte —dijo, y me preguntó qué bebía yo.

Nos serví una copa a los dos, brindamos y allá que se fue a disfrutar de la noche.

Puede que este momento no te parezca importante, pero ese instante, ese apretón de manos, cambió mi vida para siempre.

¿Te das cuenta? Lo había interpretado todo al revés. Vivía en mi cabeza llena de pensamientos negativos y di por sentado que aquel tipo iba a ser cruel conmigo, que tenía la intención de hacerme daño como había hecho otra gente en el pasado, de reírse a mi costa para divertirse él y todos los demás.

Pero la verdad es que solo quería saber cosas de mí, quería conectar conmigo. Sí, su forma de abordarme o sus preguntas podrían haber sido más discretas, pero reconozco que algunas personas no tienen el tacto ni la elocuencia para hacerlo de otra forma que no sea la que conocen, y a veces pueden ser demasiado directas o bruscas.

Esa noche, aquel hombre me abrió los ojos. Miré a mi alrededor y me di cuenta de que no sabía de qué hablaba la gente. No sabía de qué se reían, pero lo más probable era que se estuvieran riendo con sus amigos de sus propias vidas, y no que estuvieran burlándose de mí.

Me gustaría pensar que soy el centro del universo (a todos nos pasa a veces), pero la verdad es que no lo soy. La vida pasa a mi alrededor y la gente suele centrarse más en sus cosas que en mí.

Siempre habrá momentos en los que haya personas desagradables, pero librarme de mi idea preconcebida de que todo el mundo es así supuso un cambio radical para mí.

Después de ese encuentro, esa noche no me fui a casa tan temprano. Seguí trabajando con la cabeza un poco más alta y después salí con mis amigos.

No diría que fue un momento de iluminación, sino más bien que alguien subió un poco la potencia de la bombilla.

Continué trabajando en el bar, siguiendo aún a rajatabla mi rutina diaria, pero ahora tenía más vida social y comprendía mejor que el trabajo de bar era «el mejor trabajo del mundo» en el sentido de que estábamos rodeados de chicas guapas y de que podíamos beber en el trabajo.

Pasaron varias semanas y una chica nueva empezó a trabajar en el bar. Llevaba una boina, una chaqueta militar, vaqueros ajustados y un collar con un corazón rojo gigante de plástico. Le encantaban Morrissey y los Smiths, hacía ballet y siempre le gustaba bailar.

No podía dejar de admirar su forma de ir por la vida. Me parecía la persona más guay del mundo.

Cuando hablamos, sentí una atracción inmediata. Quería saberlo todo sobre ella, pero me contuve. Pensé: «¿Por qué iba a interesarse una tía tan increíble por alguien como yo?».

Los días en el bar pasaban volando. Yo no diría que fue entonces cuando dejé de fingir; de hecho, como siempre estaba pululando alrededor de aquella chica, me empleé aún más a fondo en mi rutina: tal vez así pudiera conseguir crear algo que llamara su atención. Seguía teniendo que esbozar mi sonrisa falsa, seguía ocultando todos mis miedos a los que me rodeaban, pero vivía un poco más. ¡Algo es algo!

Una noche en el bar, la chica increíble de la boina avanzó bailando entre la multitud hacia mí y me preguntó como si tal cosa si quería ir a tomar algo con ella en algún momento. No le di importancia y respondí con naturalidad: «Sí, luego vamos a salir todos, después del trabajo, ¡vente con nosotros!».

Sonrió y me contestó: «No, quiero decir solos tú y yo».

Nunca me había pasado nada parecido, las chicas no me invitaban a salir a tomar algo, así que aquello era territorio desconocido para mí. Quería hacerme el indiferente, en plan relajado, pero mis labios esbozaron la sonrisa más enorme y cursi del mundo, y me dio un ataque muy bestia de verborrea.

—Sí, estoy libre lunes, martes, miércoles, jueves, viernes, sábado y domingo. ¿Cuándo te apetece quedar?

Ella estaba mucho más relajada que yo y dijo:

—Puedo quedar mañana por la tarde si te va bien.

Obviamente, me iba fenomenal.

Acordamos la hora y el sitio. Yo le propuse quedar para ir al cine —no era muy buena elección para una cita, pero tenía muy poca experiencia planeando citas— y ella se encargó del resto, sugiriendo el día y la hora y preguntando si podía pasar a recogerla.

—Sí, sí y sí.

Cualquier cosa con tal de que aquello se convirtiera en realidad, ya que tal vez no se repetiría.

Me despedí con un incómodo «Hasta luego» y nos fuimos cada uno por su lado de vuelta a casa esa noche.

En aquel entonces mi madre ya no me esperaba en la puerta, pero siempre me oía entrar y me decía a gritos: «¡Hola, cariño!», cuando subía a mi habitación.

«¡Buenas noches!», le decía yo, antes de irme a la cama.

Sin embargo, esa noche no pude dormir. Toda clase de pensamientos se arremolinaban en mi cabeza.

Era incapaz de disfrutar del momento, sin más. Tenía que averiguar cuál era su motivación, ¿qué intenciones tenía?

Pensaba: «¿Por qué? ¿Por qué quiere verme? ¿Vendrá? ¿Anulará la cita? ¿Por qué me ha invitado a salir?».

«Puede que ni siquiera sea una cita, así que no le des tantas vueltas».

«Puede que solo quiera conocerme para salir con alguno de mis amigos».

Luego me soltaba a mí mismo la siguiente charla motivacional: «No te emociones mucho pensando que esto es algo grande porque acabarás llevándote una decepción: la gente solo te ve como un chico majo, nada más».

A la mañana siguiente seguí mi rutina habitual: gimnasio, sauna, rayos uva, ropa nueva. Bajo la presión de tener que estar lo más presentable posible, estuve una hora más preparándome...

Siempre he tenido la costumbre de hablar conmigo mismo, así que para entonces ya me estaba dando la mayor charla motivacional de mi vida, intentando infundirme ánimos de todas las maneras posibles y a la vez preparándome para enfrentarme al rechazo y la decepción.

Ya había aprendido a conducir y había conseguido ahorrar el sueldo que me pagaban en el supermercado para comprarme un Renault Clio tuneado. En vez de comprarme unas zapatillas de deporte, me gasté el dinero en neumáticos, vidrios tintados y tubos de escape cromados. «Esto a las chicas las volverá locas».

En nuestra primera cita para ir al cine, vimos la peor película de la historia y después la llevé literalmente a su casa, me quede inmóvil dentro del coche y le di las buenas noches (las citas en el cine no funcionan, chicos). Sin embargo, no sé cómo, después de esa primera cita conseguí quedar con ella una segunda vez, y luego una tercera, y quiero compartir una cita que se me ha quedado grabada: la vez que quedamos para ir a pasear por una presa local.

Aunque ya habíamos salido varias veces, seguía teniendo los mismos miedos: «¿Aparecerá? ¿Por qué quiere pasar tiempo conmigo? Esto es demasiado bueno para ser verdad. Todo lo bueno se acaba». Todavía hoy puedo seguir sintiéndome así cuando me pasan cosas buenas. En algún rincón de mi interior hay una conducta aprendida según la cual a mí no me pasan cosas buenas, y si me pasan, no duran (es algo en lo que estoy trabajando).

El caso es que el día que fuimos a la presa, después de quedar varias veces seguidas, me machaqué a hacer ejercicio como siempre, seguí mi rutina y llegué temprano con el Clio. Estaba nervioso y sudoroso. Sin embargo, iba preparado, me puse una camiseta nueva al llegar y esperé dentro del coche. ¿Aparecería o no? Pasaban los minutos y a mí se me hacían eternos. Miraba a mi alrededor, en todas direcciones. Ella ni siquiera llegaba tarde, pero estaba convencido de que no iba a venir.

Llegó puntual, con sus vaqueros ajustados y su chaqueta militar. Salí del coche lanzando un enorme suspiro de alivio: «Al menos está aquí, por algo se empieza».

Se dirigió andando hacia mí. Hasta su forma de andar era guay. Me abrazó y empezó a hablarme. Era tan natural y con ella todo parecía tan fácil… Al principio me sentí tímido e incómodo, intentando concentrarme en lo que me decía, pero seguía preguntándome todos aquellos «por qué». Era como si nunca pudiese concentrarme en el presente, porque mi mente divagaba y se perdía por esos vericuetos tan oscuros.

Pese a todo, gracias a su energía conseguí relajarme y vivir el momento por fin.

Hablé con ella, me reí y me abrí, por primera vez en mi vida. Nos rozamos sin querer y el contacto físico hizo que saltaran chispas. Me rozaba el brazo con el suyo al andar y me gustó. Quería seguir manteniendo aquella cercanía.

Para mi sorpresa, me escuchaba y me respondía, hablábamos literalmente de lo divino y de lo humano, no solo de cosas superficiales, sino también de temas profundos, de esos de los que la gente no suele hablar.

Cada vez hacía más frío y estaba más oscuro, y estábamos llegando al final del camino marcado. Yo caminaba más despacio porque la verdad es que no quería que el camino se terminara.

Y luego, de nuevo, con toda la calma y la naturalidad del mundo, me dijo: «¿Te vienes a mi casa?».

En cambio yo, con mi deje ansioso y desesperado, le contesté: «Claro que sí», mirándola con mi sonrisa cursi de siempre.

Nos subimos en el coche, se fue directa a hurgar en mi colección de CD (¿te acuerdas de esos cacharros?) y se puso a hacer de DJ criticando al mismo tiempo todos los CD de rap que tenía.

Puso una música que pudiera cantar antes de que yo arrancara el motor. Ni que decir tiene que, de camino a su casa, no escuchamos rap.

Antes de llegar paramos a comprar curri vegetariano para microondas y una botella de vino tinto barato.

Siguiente parada: su casa.

Lo he llamado su casa, pero en realidad era una casa de estudiantes, un espacio compartido y barato, y después de que me presentara un momento a sus compañeras de piso, fuimos a la cocina.

Estaba nervioso. No sabía cómo iba a acabar aquello, pero sí sabía que no quería estar en ningún otro lugar que no fuera allí.

Metimos la comida en el microondas, abrimos el vino y luego me llevó arriba a su habitación. Encendió unas velas y puso algo de música de Jeff Buckley.

Una vez creado el ambiente adecuado, nos sentamos en el suelo de la habitación dispuestos a zamparnos la (para mí) mejor comida de la historia. La conversación seguía fluyendo y yo seguía sintiendo las mismas chispas de energía, esa sensación de tranquilidad y el desahogo de ser yo mismo.

Después de cenar, nos acabamos la botella de vino. Entonces, por primera vez aquel día, se quedó sin palabras, y las que escogió a continuación estaban cuidadosamente seleccionadas de su amplio vocabulario universitario. Yo sabía lo que iba a pasar. Sabía lo que significaba. Siempre ocurría lo mismo cuando la gente intentaba encontrar las palabras adecuadas para empezar la conversación sobre mi cara. No había nunca mala intención, pero siempre tenían cuidado de no ofenderme.

Era algo que aceptaba tratándose de desconocidos. No me importaba que pasara aquello con la gente que conocía, pero en esta situación, con una chica que me gustaba, era distinto y pensé: «Mi cara no es sexy; esta conversación no me mola», y no quería tenerla.

Así que, mientras estábamos sentados frente a frente en el suelo, y ella iba con pies de plomo para escoger las palabras, me quedé con la vista fija en el suelo, sintiendo una gran decepción. Ya no podía mirar a la cara a la chica a la que había estado mirando embelesado toda la noche. Estaba avergonzado.

—Jono, no puedo parar de mirarte —me dijo.

Al oír esas palabras, pensé: «Odio que me miren. Esto no es una cita, lo he entendido mal».

Ella intentaba mirarme a los ojos, y antes de que me diera tiempo a decir algo, añadió:

—Es que me encanta tu cara.

Y entonces se inclinó hacia delante y me besó.

Estaba besando a la chica que más me había gustado en mi vida.

Y con ese beso, pasé de sentirme poco atractivo a pensar que era el tío más sexy del mundo.

En ese instante yo era mi propio superhéroe.

Yo podría haber cancelado nuestra cita sin problema. Podría haber rechazado el trabajo o no haber vuelto al bar, pero por una vez hice lo que hacen todos los héroes: aparecer cuando las cosas se ponen feas. En algún momento de aquel día, dejé de fingir y fui yo mismo, y a aquella chica tan guay eso le encantó.

Por primera vez en mucho tiempo, era yo mismo, Jono, sin chorradas ni tonterías de ninguna clase, y mi verdadero yo no solo le entusiasmó a ella sino que ¡a mí también!

Aquello fue un paso enorme para mí y por primera vez me di cuenta de a qué clase de gente atraía cuando me mostraba tal como era.

Eso fue otro cambio radical para mí.

La conexión a un nivel más profundo, las chispas, compartir ciertas verdades, el contacto visual, mis peculiaridades, mi individualidad…, ese día todo funcionó y empecé a creer que podría funcionar cualquier día.

Aún no había descubierto el amor propio, pero estaba en la senda correcta, y todo había empezado con el hecho de que otra persona había visto primero cosas que le gustaban de mí. En realidad, eran cosas que a mí también podían gustarme de mí mismo. Acababa de dar con algo importante. Solo necesitaba tiempo, solo necesitaba seguir siendo mi héroe y presentarme como Jono cuando las cosas se pusieran feas.

Cuando pienso en mi vida, me doy cuenta de que cuando mejor he conectado con alguien ha sido cuando he sido mi yo auténtico, sin filtros, y así es como tú también harás las conexiones más duraderas y significativas de tu vida.

¿Qué haces actualmente para ayudarte a gestionar las interacciones sociales? Seguro que tienes algunos trucos y hábitos muy útiles, pero también otros que puede que no lo sean tanto.

¿Bebes alcohol al salir de fiesta? ¿Te gastas un dinero que no tienes en ropa y productos? ¿Entrenas cuando tu cuerpo te pide descanso? ¿Actúas o interpretas un papel que es el que se espera de ti?

Ya sabes que yo sí hacía todo eso.

Quiero que escribas las cosas que haces actualmente para gestionar las interacciones sociales.

Ahora, escribe lo que quieres conseguir de las interacciones/encuentros sociales a los que acudes.

Pregúntate lo siguiente: ¿beber alcohol o vestirte de una manera determinada (la que sea que hayas escrito) te ayudará a conseguirlo?

Hacerte estas preguntas te ayudará a comprender qué quieres obtener de la experiencia y a decidir si tus hábitos actuales te resultan realmente útiles.

Para mí ahora mismo salir consiste en vestirme con mi estilo peculiar (a veces con ropa nueva, otras con prendas viejas y otras con tesoros que encuentro en las tiendas de segunda mano o con alguna prenda de lujo que puedo permitirme en raras ocasiones). Me gusta beber alcohol, pero soy consciente de cuáles son mis límites. No me martirizo si no entreno algún día, y siempre cuento con algún plan de retirada que elaboro de antemano, elegante y respetuoso, para no tener que malgastar mi tiempo o quedarme más rato del que me requieren en algún sitio.

Había luchado toda mi vida con pensamientos sobre un padre ausente.

Sin embargo, a medida que fui cultivando mi amor propio, me di cuenta de que tenía muchas figuras paternas en mi vida: mi hermano adoptivo siempre me llevaba a los partidos de rugby y de fútbol; mi hermana adoptiva fue una de las primeras personas que se ponía a ver pelis conmigo por las noches y que bebía alcohol conmigo; también tuve un profesor de educación física el último año de instituto con el que hice muy buenas migas. Incluso ver a mis amigos convertirse en padres me ayudó a ser consciente de que estaba rodeado de ellos, pero creo que el hecho de obsesionarme con el que no estaba en mi vida hizo que no apreciara lo que ya tenía.

No obstante, he aprendido que puedo ser un hombre, pero no necesariamente «masculino» (una palabra que en realidad no utilizo).

Me encanta y celebro el hecho de haber sido criado por una madre soltera, que además era un par de generaciones mayor que yo. Gracias a ella, desde una edad bien temprana me educaron para hablar de mis sentimientos. Sabía decir cuándo tenía miedo y, si lloraba, mi madre lloraba conmigo. Sí, perdí esas habilidades por el camino, pero siempre han formado parte de mí.

A medida que he ido madurando me he dado cuenta de que soy muy diferente de mis amigos varones. Antes me decían que parecía gay o que me comportaba como un gay. Cuanto más me encuentro a mí mismo, más aplaudo quién soy. Cuanto más auténtico descubro que soy, más confianza tengo para comportarme como me siento de verdad. He empezado a hablar sin tapujos de mis emociones y a llorar abiertamente, y aunque ese no es un comportamiento masculino «típico», antes no me daba cuenta. Solo me di cuenta cuando comencé a ir a despedidas de soltero con mis amigos. Estos me han invitado a todas y cada una de sus despedidas de soltero, y los padres (varones) van también, así que siempre invitan a mi madre. Ella ha dicho que no todas las veces, pero es muy guay que la inviten.

Sin embargo, cuando interactúo y estoy con los padres, la verdad es que no sé cómo comportarme o qué hacer. Mis amigos se han criado con un padre con el que han salido, con el que han ido al pub, y eso es algo que creo que constituye un código y una práctica social que me resultan completamente ajenos.

En esas despedidas de soltero, todos se pasan el rato en plan de broma y yo me siento muy torpe, a veces incluso me paso de la raya lanzando algún insulto de forma involuntaria, hablando de emociones en el momento equivocado. Mientras todos los chicos se toman unas pintas de cerveza, yo voy y me pido una sangría, y mientras ellos hablan de fútbol, yo hablo de mi última clase de yoga y de cuánto me gustan los leggings de la marca Lululemon (¡son increíbles, por cierto!).

No sé si todo esto tiene algún sentido, pero en un mundo en el que la tasa de suicidios masculinos es muy alta y sigue aumentando, me siento muy afortunado de haber sido criado como lo fui por una mujer que me permitió ser blando y vulnerable, y esa es una fortaleza que va a protegerme el resto de mi vida.

Así que seguiré llorando y abriéndome á los demás, y seguiré animando a todos los que me rodean a hacer lo mismo.

Ser valiente y mostrarte tal como eres ante los demás no hará sino fortalecer tu amor propio. La sociedad nos presiona para que nos comportemos de determinadas maneras, de modo que puede ser todo un reto ir en contra de todas esas expectativas y mostrar tu yo auténtico, pero la recompensa por hacerlo puede ser enorme.

Como he compartido mi crecimiento personal en línea y mi plataforma ha crecido tanto en las redes sociales, me han invitado a hablar en distintos eventos, donde más gente ve y experimenta cómo soy y luego me piden que haga más eventos. Mi terapeuta me dice que soy un sanador.

He tenido la suerte de viajar y la oportunidad de conocer a muchas otras personas que llevaban dentro un sufrimiento que guardaban en secreto.

Después de hablar en público, me quedo en el evento en cuestión y, cuando hablo en un colegio o una universidad, me paso el día allí, porque sé que la gente se acercará a hablar conmigo o hacerme preguntas en un entorno más privado.

He observado muchas pautas comunes en esos momentos: los niños más pequeños, de entre cuatro y diez años, lo comparten prácticamente todo conmigo, cosas que ni siquiera han compartido con sus tutores o sus padres. Cuando hago esto, siempre tengo cerca a un profesor o a un orientador para que podamos buscar apoyo para el niño o la niña si lo necesita.

Sin embargo, entre los diez y los dieciséis años, los niños se vuelven más reacios a compartir cosas. En esa etapa de su vida, tienen pensamientos muy adultos, pero no tienen las habilidades vitales para procesarlos. Es a esa edad cuando empiezan a enviarme cartas y correos electrónicos, compartiendo sus pensamientos de forma más privada.

Suelo dividir a los adultos en dos categorías. Puede sonar a generalización, pero las mujeres suelen acercarse a mí y compartirlo todo; me dan un abrazo y lloran, me dan las gracias y me vuelven a enviar mensajes más tarde con más pensamientos y más agradecimientos. Pero con los hombres es completamente diferente.

La mayoría de los hombres esperan rezagados, aunque sea en el último lugar de la cola, y cuando llega su turno me tienden la mano, me la estrechan y luego me dan las gracias.

El hecho de ser consciente de esta diferencia me ha llevado a indagar más en esos momentos, así que les pregunto a los hombres:

«¿Qué te ha parecido mi charla?».

«¿Te ha afectado en algún sentido en concreto?».

«¿Has sentido alguna de esas cosas de las que te he hablado?».

La mayoría de las veces empiezan a abrirse poco a poco. Algunos siguen callados, pero otros acaban enviándome un mensaje y expresándome sus sentimientos.

Una vez, en un evento de tres días en el que participé como ponente, organizamos un grupo de debate solo para hombres, y alguien del grupo se hizo eco de sentimientos que yo había tenido a los veinte años, cosas que muchos de nosotros hemos sentido en nuestra vida.

Antes de explicar aquí lo que dijo, debo aclarar que existe un código en esos grupos según el cual lo que se dice se queda dentro del grupo, pero este hombre me ha permitido amablemente compartir su historia, ya que creemos que expresar pensamientos y sentimientos en voz alta es una poderosa experiencia curativa. Para algunos puede ser más fácil hacerlo dentro del mismo grupo de iguales, sobre todo cuando se trata de hombres.

El caso es que mantuvimos esas discusiones de grupo durante los tres días y lo compartimos todo, desde el sufrimiento hasta los miedos. Lo expresamos en voz alta, escuchamos y nos brindamos consejos y palabras de consuelo.

El último día, uno de los miembros del grupo seguía sin hablar, así que lo animamos a hacerlo y le preguntamos si quería compartir algo con el grupo.

Inclinó el cuerpo hacia delante y empezó a compartir su historia en voz baja.

«Soy culto, tengo bastante patrimonio, me gusta el buen vino, estoy en el consejo de una ONG y me encanta la ropa buena, pero me considero un fracasado porque nunca he besado a una mujer».

Se hizo un silencio y, por unos segundos, no habló nadie. Nos quedamos sentados asimilando aquella información; estábamos conectados.

Sentí que todos habíamos pasado por eso en algún momento de nuestra vida. Nos dio las gracias por escucharle y luego nos dijo que era la primera vez que le explicaba aquello a alguien, y que eso le hacía sentirse bien.

Todos los miembros del grupo empezaron a hablar y a ofrecerse consuelo, y eso hizo que todos se sintieran más cerca unos de otros. Sentí ese poder.

¿Qué personas o qué entornos en tu vida hacen que te sientas en la piel de tu yo más auténtico?

¿Cuándo sientes que puedes bajar la guardia y compartir pensamientos auténticos?

¿Qué tienen esas personas y lugares que te permiten sentirte seguro y tranquilo?

¿Cuándo te ves teniendo que utilizar una máscara emocional o poner una sonrisa falsa?

¿Con quién estás?

Al ser consciente de tu entorno (personas y lugares) a diario, puedes sentirte tranquilo al saber que cuentas con lugares seguros y personas que te ayudan a ser más abierto y relajado, para recargar tu propia energía. Eso te ayudará a desenvolverte en los entornos más profesionales y te permitirá organizar tu día o tu semana en función de la energía que necesites. Por ejemplo, una semana muy atareada de trabajo en la oficina de lunes a jueves (eso consume energía), significa que necesito una clase relajante de yoga o salir a tomar unas cervezas con los amigos el viernes (eso hace que recupere energía).

7

LLEVAS UN SUPERHÉROE EN TU INTERIOR

¿Alguna vez te has comprado un conjunto de ropa nuevo para ir a una cena de Navidad o a algún evento especial y, al probártelo, te ha dado un subidón instantáneo, una inyección de seguridad en ti mismo?

Bueno, pues cuando tenía veintipocos años había pasado gran parte de mi vida buscando esos estímulos instantáneos, capaces de aumentar mi confianza, y si hubiera seguido buscándolos, tarde o temprano se me habrían acabado. O habría empezado a buscar en lugares más peligrosos y poco saludables. Mientras tanto, habría perdido oportunidades de trabajar de verdad mis traumas y centrarme en mis necesidades.

Había llegado el momento de abordar todo aquello y hacer algo al respecto.

A los veintiún años, gracias a mi madre, mi amiga del bar y mi abuela secreta, después de aquella rutina diaria tan obsesiva y de los cortes de pelo cutres, había llegado a un punto en el que estaba bien. Era feliz.

Luego, la chica que conocí en el bar cortó conmigo porque quería viajar por el mundo, lo que hizo que me gustara aún más. Aquel pedazo de mujer solo quería vivir su vida, simplemente, y nada iba a detenerla.

Eso me hizo reflexionar y pensé: «¿Qué quiero hacer yo más allá de trabajar en un bar?».

¿Cuáles eran mis objetivos? ¿Qué quería en la vida? Tenía que replantearme todo eso, ya que en el pasado había renunciado a tantos objetivos y tantos sueños que ahora tenía que pararme a pensar y encontrarlos de nuevo.

¿Cuándo fue la última vez que te replanteaste tus objetivos o tus deseos?

Vamos a hacer una lista. ¿Cuáles son tus objetivos para los próximos doce meses? Si tienes objetivos más allá de ese plazo, genial, inclúyelos en la lista, pero si no, no te preocupes, porque vivir el presente es sumamente importante, y eso es lo que estoy haciendo en este momento. Vivir el presente.

Sin embargo, más que cualquier otra cosa, lo que de verdad quiero saber es…

¿Qué hay en tu lista de deseos? Por muy inalcanzables que puedan parecer esas cosas, vamos a dejarlas por escrito y hacer también una lista.

A mis veinte años aún estaba descubriendo cuáles eran mis pasiones, mis sueños y mis objetivos, y todavía era un forofo del fitness y el deporte. Me planteé ponerme a trabajar en un gimnasio, pero, a pesar de tener ya un poco más de confianza en mí mismo, pensé: «¿Cómo voy a trabajar en un sector en el que la gente está obsesionada con su imagen? ¿Cómo puedo trabajar en un sitio donde hay espejos en todas las paredes? Está claro que es un sitio para cuerpos bronceados y perfectos, como también está claro que ese no es mi sitio».

Pero el sueño estaba ahí, así que escribí lo que tenía que hacer para conseguirlo.

No había ido a la universidad y aún necesitaba algún título o certificación, de modo que ese fue el primer paso: un curso intensivo de dos semanas para hacerme monitor de fitness.

Triunfé. Me gustaba esa nueva confianza y aquella determinación que tenía. Era un proceso lógico, me quitaba presión y me simplificaba la vida.

En aquella época no existían todavía las agencias de colocación, había que imprimir el currículum y dejarlo en los sitios donde querías trabajar.

En mis días libres en el bar, cogía una pila de currículums, me subía en mi Clio (ahora equipado con un radiocasete enorme que ocupaba casi todo el maletero) y dejaba mi currículum en unos cuantos gimnasios: entraba en la recepción y se lo lanzaba literalmente a la recepcionista cuando la pillaba mirando al suelo.

Al cabo de unos días me llamaron por teléfono para concertar una entrevista en uno de los gimnasios importantes de la ciudad.

Sin pensarlo dos veces, acepté de inmediato. Creo que si hubiera sido en otra época anterior de mi vida, habría dicho que no, pero con mi nueva confianza podía hacer cosas que hasta entonces me asustaban.

Me presenté a la entrevista bien vestido y con unos buenos zapatos… y sí, también con el pelo recién cortado. Llegué una hora antes y me quedé sentado en el coche exclamando la palabra «¡mierda!» una y otra vez.

Todos tenemos esos momentos de miedo, esos momentos en que nos decimos: «¿Y si no soy lo bastante bueno? ¿Puedo hacer esto?». A menudo buscamos en nuestras experiencias vitales esperanza y confianza en nosotros mismos. En aquel momento, dentro de mí se libraba una batalla interna entre mis héroes y los *haters* y los acosadores.

Todas las interacciones que tenemos con otro ser humano pueden utilizarse en el futuro. Un intercambio con alguien puede dar pie a que te convenzas de que, efectivamente, «tú puedes», o puede generar un miedo que te haga pensar que no vas a poder. Esa capacidad está dentro de ti ahora mismo.

Por suerte, ese día en el aparcamiento los héroes ganaron la batalla y con esperanza, con fe en mí mismo y con un fuerte grito de: «¡Allá voy!», salí del coche y entré en el gimnasio.

La recepcionista ya conocía mi nombre y me pidió que me sentara y esperara a que llegara el director.

Estaba muy nervioso y no sabía dónde mirar. Momentos después, una bola de energía entró en el recinto: el director, un exjugador de rugby de metro noventa y cinco que ahora daba clases de aeróbic.

La recepcionista salió corriendo, se abalanzó sobre él y le dio un fuerte abrazo. Luego me lo presentó y él me dio la mano y me dijo que le siguiera. Yo esperaba ir a un despacho o a un sitio privado, pero me llevó a la zona de gimnasio y me pidió que hiciera un poco de ejercicio con varios aparatos y máquinas. Y eso fue lo que hice.

No tengo nada malo que decir de toda esa experiencia. Entrenamos y nos conocimos un poco. Nos reímos, bromeamos y sentí que había hecho un amigo. Transmitía una energía muy positiva y me olvidé de todos los miedos que había sentido en el aparcamiento.

La entrevista terminó y me fui a casa. Al cabo de una hora, recibí una llamada diciéndome que el trabajo era mío y me puse a dar saltos de alegría.

Al pensar en aquel momento, creo que así empezó una de las etapas más felices y despreocupadas de mi vida.

El hecho de tener acceso constante al gimnasio, la sauna y las camas de rayos uva hizo que me obsesionara cada vez más. Salía más de noche y seguía albergando la esperanza de echarme una novia, por eso seguía con mi rutina para tener el mejor físico posible.

Pero lo llevaba bien. Tenía una rutina, me sentía seguro y la vida me sonreía.

Estuve un tiempo compaginando el gimnasio con mi trabajo por turnos en el bar, además de salir con mis amigos.

Seguía dependiendo del alcohol para salir de fiesta. Veía y oía a mis amigos presumir de todas las chicas con las que se habían ido a la cama y sentía envidia de que a mí no me pasasen esas cosas.

Todos los años, entre los dieciséis y los veinte, cada vez que los chicos me habían invitado a ir a algún sitio de vacaciones con ellos, en plan grupo, yo había rechazado su invitación. Me daba mucho miedo: «No ligaré con nadie. No podré hacer mi rutina. ¿Qué haría con mi audífono? Les fastidiaría las vacaciones si nos enzarzáramos en

una pelea porque alguien se hubiese metido conmigo».
No, los viajes de vacaciones no eran para mí.

Sin embargo, ese año, con veintiuno, aproveché la
oportunidad y nos fuimos a Malia, Grecia.

Suena raro, pero en aquel momento irme de viaje en
mis primeras vacaciones con los chicos era una de las cosas más difíciles y aterradoras que había accedido a hacer
en mi vida. Era como ir a las fiestas de mi adolescencia,
solo que me provocaba un millón de veces más angustia.

Leí artículos sobre cómo ligar y cuáles eran las últimas
tendencias de moda, y pregunté a mis amigos qué pasaba
en esos viajes. Tenía que estar preparado.

El día que nos íbamos, quedamos todos en la casa de
un amigo y yo estaba muy nervioso. Los padres contaban
anécdotas de las vacaciones de sus hijos y, con cada anéc-
dota, más nervios me entraban.

Llegó el minibús y nos fuimos al aeropuerto, y mientras empezamos a beber. Tengo un recuerdo algo borroso
del resto. No me podía creer que fuese a irme con ellos de
verdad.

Cuando llegamos a Malia, el primer día había una fiesta de la espuma. Resultó que no hay mal que por bien no
venga, porque todos mis amigos querían ir, pero yo no
quise y fui sincero respecto al porqué: tendría que quitarme el audífono y no podría oír nada. No me siento seguro

sin audífonos. Se lo tomaron muy bien y no me pusieron ningún problema. Se fueron a la fiesta y eso me dio la oportunidad de calmarme y tomarme todo aquello con más tranquilidad. Hice ejercicio en casa (¡obviamente!) y empecé a arreglarme para salir por la noche.

Cuando volvieron de la fiesta de la espuma, seguimos bebiendo, escuchamos música de Biggie y jugamos a juegos de beber antes de irnos a la zona de bares de copas y discotecas.

Aquello fue duro para mí. Todos mis amigos se ponían a hablar con chicas y hasta competían entre ellos para ver quién se acostaba con más. Yo no participé en la competición.

La primera noche conocí a dos chicas que trabajaban en uno de los bares, así que la mayoría de las noches salía con los chicos y, cuando ligaban, me iba a ese bar y salía con ellas. Nos hicimos amigos. Se me daba bien esa clase de amistad. Aunque las mujeres me daban miedo en la esfera de las relaciones románticas, siempre me he sentido cómodo siendo amigo de ellas.

Lo mejor de aquellas vacaciones fue que Grecia, que no tenía ni de lejos la mejor selección nacional de fútbol, ganó la Eurocopa de 2004, imponiéndose a Portugal. Una de las mayores sorpresas futbolísticas de los últimos tiempos. La isla entera se echó a la calle para celebrar la victoria. Recuerdo que había tractores, excavadoras y coches circulando con gente colgada de ellos, con bengalas, haciendo sonar el claxon y con micrófonos. Los fuegos artificiales encendían el cielo nocturno. Era una locura. Una de las cosas que más me gustó de ese viaje fue que, por fin, tenía un recuerdo común con los chicos en el que yo había participado: anécdotas que podríamos seguir recordando al cabo de los años, pudiendo decir que yo estuve allí. Que fui uno más de ellos.

Como he dicho, la vida me sonreía. Tener una relación sentimental con alguien era una mierda, pero me di cuenta de que lo era para todo el mundo, sobre todo a esa edad. Aun así, encontrar a otra persona seguía siendo lo más importante para mí y me sentía incompleto por no estar viviendo esa experiencia.

Había estado con distintas parejas y disfrutado de las relaciones íntimas, pero quería más.

Por las noches bebía hasta acabar borracho perdido con la esperanza de conseguirlo, pero lo cierto es que buscaba el amor en los lugares equivocados, al igual que buscaba la clase de amor equivocada.

En la vida, los momentos más decisivos ocurren cuando menos te lo esperas y en esa época tuve uno de esos momentos. Además, ocurrió por pura casualidad: no estaba planeado, no se debía a algo que hubiera hecho intencionadamente, pero aun así, un día, en el gimnasio, tuve una revelación increíble, se obró una transformación en mi energía.

Había aceptado el trabajo del bar, había salido con mis amigos, todos se habían liado con alguien o ya tenían pareja, y yo me sentía un fracasado. Incluso cuando las cosas iban bien, seguía teniendo esas dudas y sentimientos negativos a diario, a veces durante un breve instante y otras durante unos días, pero por suerte al final se me pasaban.

El día en cuestión era un día tranquilo en el gimnasio: yo trabajaba en el turno de tarde, desde las tres de la tarde hasta las diez de la noche.

Hacia las nueve y media, el gimnasio estaba vacío. A esas horas, casi siempre solo quedábamos la recepcionista y yo, y en ocasiones alguien del personal de limpieza.

Hay un fenómeno que ocurre en casi todos los gimnasios: la gente puede sacar las pesas del estante, puede levantarlas, muchas veces haciendo hasta treinta repeticiones entre pausas para descansar, pero en cuanto terminan es casi imposible que las vuelvan a dejar en su sitio, lo que significa que el nuevo monitor de fitness con las piernas flacuchas de un gorrión (yo) tenía que guardarlas todas a las nueve y media, antes de la hora de cierre.

Devolvía las pesas a su sitio; en todos los gimnasios, siempre están delante de unos espejos gigantescos (seguían siendo los objetos que más odiaba en este mundo).

Estaba guardando las pesas e intentando no mirarme la cara en el espejo. Acababa de comprarme unas zapatillas nuevas, así que me puse a admirarlas. Llevaba puesto el pantalón corto y empecé a mirarme las piernas y el trasero y pensé que tenía un culo bonito. Estaba en racha. Acababa de entrenar el tren superior del cuerpo y me pareció que se me marcaban muy bien los músculos en la camiseta. Aunque no miré más arriba de los hombros ni por un momento.

Pero como ya he dicho, ese día estaba en racha.

Las zapatillas de deporte, las piernas, el trasero, el cuerpo. Entonces, sin querer, llegué a mi cara.

Estaba frente al espejo, mirándome a la cara, pero en lugar de sentir la necesidad de siempre de tirarme de las comisuras de los ojos hacia arriba, en lugar de sentir dolor o rabia, ese día en el gimnasio me miré a la cara y sonreí. Y no fue una simple sonrisita, no, sino una sonrisa radiante de oreja a oreja. Y mientras observaba mi sonrisa, me di cuenta de que tengo un hoyuelo en el lado derecho de la cara.

Por primera vez en veinte años, me miré a los ojos, vi lo azules que eran, y pensé: «Me encantan mis ojos».

Esa fue una revelación, una transformación en mi energía, que me cambió la vida.

No estaba planeado; llegó en el momento más inesperado.

Unas zapatillas de deporte chulas, unas piernecillas más bien flacuchas (seamos sinceros), un culo bonito, un cuerpo (a veces lleno de cerveza *ale*, a veces lleno de kale), ¡y acababa de darme cuenta de que tengo una cara espectacular!

Con esa energía renovada, siendo capaz de mostrarme cada vez más como mi yo auténtico, empecé a vivir con más seguridad en mí mismo.

Y sin presionarme, además.

Aunque el caso es que, por alguna razón, a veces seguía equivocándome.

Acabé saliendo con una chica que tenía novio y que no paraba de decirme: «¿Por qué él no es tan bueno como tú?», «¿Por qué no me trata como me tratas tú?», «Ojalá tú y yo estuviéramos juntos». Pero no dejó al novio. Incluso recuerdo que una noche me llamó para que la llevara a casa. Eran las dos de la mañana, así que cogí las llaves del coche y fui a recogerla. La llamé y le dije dónde estaba, con la esperanza de que hubiera cortado con su novio y quisiera salir formalmente conmigo. En vez de eso, resulta que se subió en la parte de atrás de mi coche con otro chico que había conocido y los llevé a la casa de él. Hice como si aquello fuese normal y no pasara nada. Los dejé en casa y me marché muy enfadado. Esa noche me pusieron mi primera multa por exceso de velocidad.

Luego salí con otra chica. Una vez más, no era una relación exclusiva: definitivamente, ahí había un patrón. No me presentaban nunca a los padres, nunca era el novio «oficial» de nadie, siempre estaba en la periferia, incluso cuando sentía la confianza renovada en mí mismo, seguía atormentado por pensamientos del tipo: «¿Quién va a querer estar conmigo y presumir de novio? Si ni siquiera mis padres biológicos quisieron quedarse a mi lado, ¿cómo va a quererlo alguien?».

Estaba viviendo muchas cosas buenas, pero de vez en cuando seguía encajando aquellos puñetazos en el estómago que me devolvían a la realidad, que me devolvían a aquella rutina obsesiva, y a veces me daba miedo verme la cara por si había perdido esa energía renovada y dejaba de gustarme (aunque por suerte, a partir de ese momento eso no llegó a pasar nunca).

Entonces conocí a una chica en el gimnasio donde trabajaba. Nos reíamos mucho juntos y a menudo me sorprendía pasando olímpicamente de mis tareas y charlando con ella durante horas en vez de cumplir con mis obligaciones. Me gustaba, y sabía que yo también le gustaba a ella, porque cada vez que le hacía un reconocimiento médico y le medía el ritmo cardiaco, el corazón le latía como loco. Era la cosa más tierna del mundo. Empezamos a salir.

Le presenté a mi familia y amigos, y yo conocí a los suyos. Nuestros grupos de amigos no tardaron en congeniar y mezclarse y nos embarcamos juntos en un viaje increíble.

Empezamos a crecer y madurar juntos y pude ser yo mismo. Los dos teníamos veintipocos años y pudimos explorar y avanzar uno al lado del otro en la vida, ya que compartíamos un lugar seguro.

Mis amigos y mi familia también la querían mucho.

Lo hacíamos todo juntos y se convirtió en mi compañera durante nueve años. No quiero quitar importancia al impacto tan enorme y maravilloso que tuvo en mi vida, pero como ya no estamos juntos, no entraré en detalles. Nos distanciamos. No hubo rencores ni peleas, simplemente habíamos tomado rumbos distintos y queríamos cosas diferentes.

Esa persona es un ser humano extraordinario y me permitió crecer en un entorno más que seguro. Vivimos aventuras, experimentamos el amor y acumulamos montones de recuerdos felices. Es una de las mayores superheroínas de mi vida. Pude compartir la vida con ella y nunca podré agradecerle lo bastante todo el crecimiento personal que logré desarrollar a su lado mientras estuvimos juntos. ¡No todas las ex llevan capa!

Incluso fue testigo de mi rutina obsesiva y la aceptó sin problemas, pero también la cuestionó y me recordó que no tenía por qué hacer nada de eso: me sentía amado y valorado tal y como me mostraba ante ella, sin artificios de ninguna clase.

Compramos nuestra primera casa, nos compramos un coche, íbamos de vacaciones y vivimos una vida a todo tren y sin preocupaciones. Teníamos la suerte de hacer todo lo quisiéramos, aunque, dicho esto, nos partíamos el lomo trabajando. Nos dejábamos la piel y creamos una vida juntos.

Pero como ya he dicho, al final lo nuestro se acabó. No hubo ira ni odio. Simplemente nos distanciamos. En retrospectiva, yo todavía estaba en pleno proceso de crecimiento personal. Todavía tenía que hacer mucho trabajo de introspección para saber quién era. No había encontrado mi propósito en la vida; no era feliz y buscaba nuevos retos y aventuras.

Sin embargo, aquella relación me llevó a un nuevo hito de crecimiento personal: un crecimiento que me permitió empezar a compartir mis pensamientos y mi viaje vital con el mundo.

Mi pareja y yo estábamos en Egipto cuando me puse a leer una de sus revistas. Había un artículo en el que se burlaban del físico de una persona famosa, lo llamaban «la picota» y destacaban las zonas del cuerpo de las que la celebridad debía avergonzarse: destacaban las arrugas rodeándolas en un círculo y señalaban la celulitis con un rotulador especial. Leí el artículo y me puse furioso. Pensé: «Justo esto es lo que está tan mal y es tan tóxico en nuestros medios de comunicación», y me influyó mucho y me atormentó emocionalmente.

Hacia el final del artículo se decía: «¿Tienes una historia que contar?».

Y pensé: «¡Ya lo creo que sí!». Así que escribí a la revista, compartiendo mi historia de crecimiento personal y compartiendo mi cara, ¡la del hoyuelo que se me hace cuando sonrío!

Antes pensaba que nadie me querría nunca y que no era un ser atractivo, pero ahí estaba, en Egipto, con un pibón a mi lado. Iba a enseñarle al mundo mi cara y a demostrarle lo increíble que puede ser la vida cuando te presentas ante los demás con tu auténtico yo.

Mi historia —nuestra historia— se publicó y se hizo viral. Despertó el interés de la BBC, pues le encantó la energía que transmitíamos. Hablo en plural porque mi pareja fue una parte muy importante en todo esto.

La cadena de televisión se reunió con nosotros y nos propuso hacer un documental sobre nuestra historia: querían compartir con el mundo nuestra energía, y aceptamos. Estuvimos rodando nueve meses y creamos un reportaje titulado *Love Me, Love My Face*. Se trataba de un documental en el que nos seguían durante el proceso de búsqueda de mis padres biológicos (del que hablaré más adelante).

Además, estábamos de acuerdo en todos los aspectos importantes de cómo debía ser: yo quería que fuera una pieza cruda, abierta y transparente; fuera como fuera, quería que fuera real.

Y lo fue. Creamos algo de lo que todos nos sentimos increíblemente orgullosos.

Me sentí empoderado, lo que dio pie a que mi autoestima aumentara aún más, y fui capaz de transmitirlo a los demás.

Cuanta más autoestima sentía, más oportunidades se presentaban. Cuanta más autoestima sentía, mayor capacidad tenía de gestionar mis emociones.

Una vez finalizado el documental, empezamos a promocionarlo (mediante sesiones de fotos y entrevistas) y fue increíble. Mucha gente nos adoraba, pero lo cierto es que éramos una pareja normal y corriente.

Antes de que se estrenara el documental, fuimos al programa *BBC Breakfast* para promocionarlo. Nos hicieron una entrevista breve que se emitió repetidamente a lo largo del día antes de publicarse en el sitio web de la BBC.

Volvimos a verlo en línea y abrimos la sección de comentarios. La gente hizo muchos comentarios maravillosos, pero también viví mi primera experiencia con los trols de internet.

«¿Por qué está con él?» fue el comentario que más me dolió. Las otras gracietas eran cosas que ya había oído antes —de hecho, hasta habían sido mis propios pensamientos en el pasado—, pero al ver la reacción de mi pareja ante ellas, me dolieron aún más. Volvió a salirme la vena protectora. La semana siguiente, nuestro documental iba a emitirse en todo el país en horario de máxima audiencia y eso me asustaba.

La cadena ITV se puso en contacto con nosotros y nos invitó a su programa televisivo de las mañanas. Fue una locura y pasé muchos nervios, pero nos volcamos de lleno y la entrevista fue preciosa, divertida e interesante. Cuando terminamos, nuestros teléfonos no paraban de sonar, con mensajes de amor y respeto. Colgaron el vídeo en internet de nuevo y tuve que leer los comentarios, solo que esta vez me sentí dueño de la situación y percibí el amor y el respeto de la gente. Les encantaba el hecho de que alguien apareciese en televisión con su auténtico yo y hubiera encontrado el amor en sí mismo y en los demás.

En cuanto a los trols, estaba buscando nuevas formas de asimilar aquello, y hablaré de ellas muy pronto.

El documental se estrenó y fue un gran éxito; llegó incluso a audiencias de todo el planeta, y el mundo entero respondió con amor. Pero lo mejor de todo fue que las familias con miembros con deformaciones faciales empezaron a ponerse en contacto conmigo para pedirme que fuera a verlos y a hablar en los colegios. Así que, sin pensarlo dos veces, eso fue lo que hice.

Cuando me invitaron a dar mi primera charla en un colegio, me puse nervioso y sentí miedo, pero por entonces ya era capaz de hacer todas esas cosas que me asustaban.

Al llegar estaba más o menos bien, pero a medida que todas esas personitas diminutas iban entrando, me sentía cada vez más nervioso.

Las personitas diminutas son capaces de decir cualquier cosa, sin ambages.

Centenares de ellas no tardaron en llenar todo un salón de actos, y se sentaron con las piernas cruzadas, mirándome fijamente.

«¡¿Se puede saber qué narices hago volviendo a pisar una escuela?!».

El profesor me presentó y todos los niños dijeron al unísono: «Buenos días a todos. Buenos días, Jono».

Mi nerviosismo iba en aumento, tal como me ocurrió en el bar unos años antes.

Fijé la vista en el suelo. Me temblaba el labio inferior al hablar.

Se acabó esconder la cabeza bajo el ala: iba a enfrentarme a aquello.

Compartí mi experiencia. Les hablé de cómo me había aceptado y valorado de forma muy natural cuando era niño, les hablé de mis héroes, les hablé del acoso escolar. Les enseñé mi audífono (se me cayó incluso) y les confesé que ahora me encanta mi cara.

Todos aplaudieron y me aclamaron con entusiasmo, pero las personitas diminutas aplauden y aclaman con entusiasmo cualquier cosa, así que en el fondo pensé que no lo había hecho bien.

Sonó el timbre del colegio, todos los niños salieron al patio y yo me fui a buscar un taxi.

Mientras esperaba en la calle, un par de niños se me acercaron corriendo y me pidieron que les enseñara el audífono. Se lo enseñé y me dijeron: «Qué guay, ojalá no tuviera que oír llorar a mi hermanita recién nacida».

Se me acercaron más niños.

«Señor, ¿puede jugar al fútbol con nosotros, por favor?».

Dije que sí, y empezaron a discutir sobre con qué equipo jugaría.

Vinieron más niños corriendo y no pude jugar porque me tenían completamente rodeado. Me contaron historias de cuando les habían hecho *bullying* a ellos. Me explicaban que no conocían a su madre o a su padre, y, por último, una niña se subió la manga para destaparse la mano y me enseñó que había nacido sin un dedo. Me dijo que a partir de entonces no lo iba a ocultar nunca más.

Todos los niños volvieron a estallar en gritos de entusiasmo.

No tenía ni idea de lo que estaba pasando, pero sabía que tenía que hacer más cosas así.

Una profesora vino a decirme que había llegado mi taxi. Me despedí dándoles las gracias y me fui con el corazón contento y con la esperanza de que compartir y conectar pueda ayudar a otros a encontrar también el amor propio.

Cuando me dirigía al coche, la profesora me miró con una sonrisa y con lágrimas en los ojos, me dio las gracias y luego me abrazó con fuerza.

En solo un momento, tu vida puede cambiar para siempre simplemente por mostrarte receptivo a conectar con las personas que te rodean. Hasta hoy todavía no sé qué fue lo que me agradeció aquella profesora, no sé a qué se debían esas lágrimas, pero me conmovió en el alma.

Cuanto más compartía mi historia y mis pensamientos, más gente respondía: «Yo también me he sentido así».

Poder normalizar ese tipo de cosas supuso un cambio radical en mi vida.

Fue increíble. Fue mágico.

A partir de entonces mi vida fue una sucesión de las aventuras más fabulosas e inesperadas por todo el mundo.

No estaba para nada preparado para aquello, como tampoco las personas que me rodeaban, pero nos lanzamos a hacerlo... bueno, ¡al menos eso fue lo que intenté!

Visité escuelas y familias en todo el mundo. Por el hecho de ayudar y apoyar a los demás, sentí más amor hacia mí mismo, y quise compartirlo con el máximo de personas posible. Era lo que había necesitado cuando era más joven, y si lo hubiera conseguido, quizá habría podido encontrar el amor propio a una edad mucho más temprana.

Sin embargo, creo que hacer aquello enmascaraba problemas y traumas que aún no había superado del todo y, a medida que seguíamos adelante, ciertos traumas volvían a atormentarme. O tal vez era el hecho de que no encontraba tiempo para mí mismo, para hacer el trabajo de introspección necesario. No olvides que de donde nada hay, nada se puede sacar.

¿Hay algo en tu vida que no has vuelto a abordar en mucho tiempo? ¿Hay algo que has estado postergando, por la razón que sea?

Algunas de estas preguntas pueden parecer similares a las anteriores, pero cuando las leas, puede que tengas un momento de clarividencia, o puede que veas señales que te interpelan: están a nuestro alrededor, procura no ignorarlas. ¡Necesitamos empezar a enfrentarnos a ellas como el superhéroe en el que te estás convirtiendo!

8

MIRA HASTA DÓNDE HAS LLEGADO...

Antes de seguir adelante con este capítulo, quiero insistir en que sentirse cómodo, establecer una rutina y contar con un lugar seguro son elementos importantes. No quiero que ese mensaje se pierda.

Una rutina y una red de seguridad crearon el mejor entorno para que me pusiera en contacto con mis padres biológicos, y esa red de seguridad me salvó la vida cuando toqué fondo, de forma inesperada, en la treintena (hablaremos de ello más adelante).

Hasta ahora no he hablado de mi madre y mi padre biológicos.

He pensado en esas dos personas toda mi vida. No sabía nada de ellos, así que hasta me había inventado sus historias: tenían un grupo de música, mi padre tocaba la guitarra y mi madre era vocalista. Tenían el pelo rubio y los ojos azules, y cantaban canciones de amor.

A medida que fui haciéndome mayor, a medida que la ira se apoderaba de mí, la rabia que sentía hacia mis padres fue intensificándose hasta el punto de odiarlos más que a nadie en el mundo; su pelo rubio no tardó en volverse de color ceniza, sus ojos ahora eran grises y entonaban canciones que hablaban de oscuridad.

Durante mi adolescencia quería que sufrieran tanto como yo, si no más.

Se metían en mi cabeza en todas las fechas señaladas, como en los cumpleaños y la Navidad, y eso me hacía daño. Cada pequeño logro que conseguía me dolía más porque no podía enseñárselo.

Entonces desarrollé una táctica de motivación muy extraña y muy poco saludable. Si alguna vez me costaba hacer algo, me decía a mí mismo: «Demuéstrales que se equivocan, demuéstrales lo fantástico que eres».

La táctica funcionaba, ya que me generaba una adrenalina y una ira que me espoleaban, pero a largo plazo esa manera de pensar no hizo sino agravar mi situación emocional.

Mucho más tarde, cuando ya llevaba nueve años en una relación sentimental y las cosas me iban bien, gracias a mi red de seguridad y a una rutina saludable, me sentí con el ánimo adecuado para explorar mi llegada al mundo y, con suerte, contactar con mis padres biológicos.

Siempre había tenido muchas preguntas: «¿Quiénes son? ¿Tengo hermanos? ¿A qué se dedican? ¿De dónde me vienen los ojos azules?». El debate de la genética *versus* el ambiente en el que uno se criaba era una discusión que siempre me había intrigado. Pero al final, a mis veintipico años, lo único que quería era localizarlos para que supieran que estaba bien. Ese era mi principal objetivo. Había pasado tanto tiempo de mi vida odiándoles que quería asegurarme de que supieran que ya no les odiaba y que era feliz, que llevaba una vida buena.

Quería hacerlo bien, con el apoyo adecuado. Mi madre y mi pareja estaban al corriente y me apoyaban al cien por cien. Mis amigos también lo sabían y me apoyaron en todo lo que necesité.

Me puse en contacto con una agencia de adopción local y me reuní con una de las personas que trabajaban allí. En nuestra primera reunión la responsable me escuchó, respondió a todas mis preguntas y, si no sabía la respuesta, me dijo que intentaría averiguarla. La primera sesión consistió en conocernos y en ver si estaba preparado para explorar la posibilidad de contactar con mis padres biológicos. Siempre fue un trabajo en equipo y, después de esa primera reunión, me sentí preparado para seguir adelante.

El siguiente paso consistió en dar acceso a la agencia a toda mi documentación. La trabajadora de la agencia la revisó primero por su cuenta, para poder prepararme para las siguientes fases. Habló conmigo y fue increíblemente sincera. Me contó que mis padres biológicos habían atravesado muchas dificultades y que tenían claro que debíamos seguir caminos separados, lo que había provocado una ruptura en la familia. (Recordemos a mi abuela secreta).

Me preguntó si quería leer la documentación.

Le dije que sí.

Leí que habían tenido más hijos... «Tengo aún más hermanos», pensé.

Descubrí cuál era el pueblo en el que habría crecido. (Aunque no era tan fantástico como Featherstone).

Vi mi partida de nacimiento con mi nombre original. Leí en qué trabajaban mis padres y cuáles eran sus aficiones.

Por primera vez en mi vida, aquellas dos personas no eran historias que me había inventado, sino dos seres de carne y hueso.

La trabajadora me dejó tiempo para que pensara cuáles iban a ser mis próximos pasos.

Reflexioné sobre ello. Ya sabía lo que quería hacer, pero lo hablé con todo mi círculo, cosa que se me daba cada vez mejor.

Recuerdo que se lo conté a mi madre y me apoyó muchísimo, pero bromeó diciéndome: «No se te ocurrirá dejarme cuando los encuentres, ¿no?».

Le di un abrazo muy fuerte y le recordé que ella era mi madre y que nada iba a cambiar eso.

Decidí que estaba listo para dar el siguiente paso: quería ponerme en contacto con ellos.

Aquella fue una decisión muy importante en mi vida, y no podría haber seguido adelante si no hubiese dejado atrás la rabia, si no hubiese tenido a mi alrededor a las personas adecuadas y si no hubiese podido ser sincero con ellas sobre mis pensamientos y emociones.

Escribimos una carta todos juntos, diciendo que yo estaba bien y que estaba dispuesto a conocerlos personalmente. La enviaron por correo y esperamos. La agencia me dijo que me llamarían si había novedades.

Por un momento volvieron los «por qué».

«¿Por qué hemos tenido que llegar a esto? ¿Por qué ha pasado lo que ha pasado?».

No podía pensar en nada más durante la espera. No me importaba nada más.

A pesar de que intentaba seguir con mi vida como si nada, me obsesioné con el teléfono.

Una tarde, al fin, el teléfono sonó y vi que era la agencia. Contesté.

La mujer al otro lado de la línea me preguntó cómo estaba y le dije que bien. No seguimos hablando de trivialidades, pues ella ya sabía que yo estaba impaciente por saber cuál era la respuesta, así que pasó directamente a decirme: «Jonathan, me temo que ellos no desean tener ningún contacto contigo».

Me invitó a ir a verla, concertamos una visita, le di las gracias y colgué el teléfono.

Me eché a llorar. Fui a contárselo a mi madre y le di el abrazo más fuerte del mundo. Mi pareja bajó, me vio y supo de inmediato lo que había pasado.

¿Cómo pueden un padre o una madre abandonar a un hijo una primera vez, y luego, además, rechazarlo una segunda vez, más adelante en la vida?

Ya estaba familiarizado con aquellos sentimientos, pues ya los había experimentado antes.

Sin embargo, ese día estaba dolido, pero no enfadado.

Mis padres biológicos hicieron lo que creían que debían hacer, por ellos y por su familia.

Supongo que mi reacción habría sido distinta si no hubiera tenido a esas dos personas a mi lado en aquel momento. Todo habría sido diferente si no hubiera tenido a todos aquellos fantásticos héroes en mi vida.

En ese momento, agradecí de verdad todo lo que tenía y me sentí muy afortunado.

Lo había intentado. Estaba rodeado de personas que me querían. Mi vida siguió adelante.

Durante un tiempo, todo parecía ir bien. Tenía a mi familia, mi pareja, mis amigos. Tenía una buena rutina. Tenía veintitantos años y me sentía asentado y seguro. Seguía en pleno proceso de crecimiento personal, pero tenía la suerte de hacer cosas increíbles y establecer contactos que tuvieron un impacto trascendental en mi vida. Estaba descubriendo nuevos aspectos de mí mismo que me gustaban y seguía compartiendo mi vida con mis héroes, además de conocer a muchos más por el camino.

Estaba haciendo grandes progresos en todos los aspectos de la vida, lo cual era estupendo, pero mientras ocurría todo eso, no estaba verdaderamente en contacto conmigo mismo. No pensaba en ello. Ni siquiera se me pasaba por la cabeza. Sucedían cosas maravillosas y no me permití pararme a celebrarlas como era debido. Estaba demasiado ansioso por pasar al siguiente reto. Creo que celebrar mis victorias y sentirme orgulloso de lo que he conseguido es algo en lo que todavía tengo que trabajar.

Tras el éxito del primer documental, la BBC se puso en contacto conmigo para que hiciera más, y como eran temas que me apasionaban, dije: «¡Sí, adelante!».

En esos programas tratamos temas que significaban mucho para mí: formar una familia y cuáles eran mis opciones al respecto, y ayudar a las personas a encontrar y contactar con sus familias biológicas. Eran cosas muy importantes en mi vida, cosas que me había costado mucho procesar y superar. Y si yo me sentía así, estaba seguro de que muchas otras personas también sentían lo mismo. Abordamos esos documentales con el mismo espíritu entusiasta y afán por la transparencia con los que hicimos el primero y, de nuevo, tuvieron una gran acogida entre gente de todo el mundo.

Por desgracia, me vi expuesto a más trols. Un día abrí mis redes sociales y vi que alguien me había enviado un enlace a un sitio web y me había dicho: «Mira, tío, eres tú...». Hice clic en el enlace y me llevó a una web de chistes. La web fijaba un tema al día y todo el mundo se inventaba chistes sobre ese tema.

El tema del día era yo, y en ese momento tenía delante una foto mía en aquella web. Debajo de la foto estaba la sección de comentarios, de modo que desplacé el cursor hasta allí y pulsé para seguir leyendo.

Me quedé pegado a la pantalla del ordenador leyendo cientos de chistes que se burlaban de todos los aspectos de mi vida.

Aquello me dolió. Fue una putada en toda regla. Sentí el impulso de proteger a mi madre, a mi pareja y a todos mis amigos de aquellos comentarios horribles.

Mientras seguía leyendo, encontré comentarios que coincidían con los pensamientos que había albergado sobre mí mismo. Había superado la época en que pensaba todas esas cosas. Ahora me miraba a mí mismo con amor y respeto y, al pensar en esas personas, todas escondidas tras una imagen falsa en internet, no pude evitar sentir lástima por ellas. Antes pensaba que mi cara me impediría encontrar el amor y la felicidad, pero la verdad es que son actitudes como las suyas las que te impiden encontrar el amor y la felicidad. Me dieron pena porque no ven toda la belleza del mundo como yo. Se esconden detrás del miedo y el odio. Tienen miedo de mostrar al mundo su auténtico yo y eso es muy triste.

Me pregunto qué tendrían que decir si vieran una foto suya en la pantalla. No me gustaría que escribieran un chiste o un comentario desagradable, pero sí les retaría a escribir algo que les gustase de sí mismos.

¿Crees que podrían hacerlo?

Me desconecté, convencido de que podía crecer aún más. Nada iba a detenerme.

En ese momento estaba en racha y tuve la suerte de que los documentales me brindaran muchas más oportunidades. Me eligieron para transportar la antorcha olímpica en los Juegos de 2012 en Londres: alguien me había nominado por el trabajo que había hecho en los últimos años y ese fue otro momento increíble en mi vida. A día de hoy sigo sin creerme lo que pasó.

Desfilé en pasarelas, hablé ante públicos de todo el mundo y realicé y presenté más programas de televisión. Me convertí en embajador de varias organizaciones benéficas que tengo en gran estima y seguí trabajando en las escuelas, una de mis actividades favoritas.

Empecé a gozar de todo ese «éxito» y eso me creó una ola de felicidad temporal. Necesitaba más. Año tras año necesitaba hacer más cosas, ser más importante y mejor, porque de lo contrario sentía que retrocedía. Tenía que recaudar más dinero para obras benéficas, tenía que hacer más visitas a colegios, tenía que conocer a más familias. Quería ayudar y quería dar porque sabía lo mucho que eso era necesario. Sin embargo, yo cada vez me quedaba más vacío y, a pesar de ello, seguía vaciándome más y más.

Aquello se convirtió en una especie de droga. Había sustituido mi necesidad de estar con otra persona, mi necesidad de divertir a los demás, por una necesidad de servir de inspiración, de dar amor, para que me vieran como alguien seguro de sí mismo y como a un triunfador.

Me sentía como en una rueda de hámster, corriendo lo más rápido posible, sin poder bajarme porque, si lo hacía, no podría volver a subirme. De modo que corría y corría, dando vueltas y más vueltas.

La vida siguió así durante un tiempo. Pasé años convencido de que tenía que decir que sí a todo. Me presentaba, sonreía, irradiaba amor y daba todo lo que tenía.

Todavía no había aprendido cómo poner límites y no sabía reconocer dónde estaban mis límites cuando se trataba de personas que no pertenecían a mi círculo. Aún tenía que avanzar en ese terreno.

Al recordar aquella época, ahora veo que había personas que se aprovecharon de mí. Me robaron mis ideas y utilizaron mi tiempo y mis emociones para conseguir los propósitos de otros, pero yo accedí a todo eso.

A pesar de todos los retos a los que me enfrentaba personalmente, estábamos cambiando el mundo y pude formar parte de numerosos proyectos increíbles.

Estaba invirtiendo mucho tiempo y energía en un entorno ajeno a mi relación. En casa me sentía seguro, pero no invertía tiempo ni energía en mi vida personal. Con todo lo que ocurría a mi alrededor, descuidé esa área, aunque no lo hice de forma intencionada, sino porque como lo que hacía estaba bien, simplemente no me molesté en cuidarla. Mi pareja siguió apoyándome en todo momento.

Al final empecé a sentir una gran frustración y no era feliz. Me sentía falso. Me sentía expuesto, objeto de juicio y crítica, y quería liberarme de todo. Sin embargo, me daba miedo expresar lo que sentía porque no quería romper la red de seguridad y la rutina que habíamos creado. Me daba miedo decir que no a las cosas porque no quería que aquello terminara ni que cambiara nada. Era una batalla que no sabía cómo plantear.

Siento que descuidé mi relación y no fui capaz de invertir de verdad en ella durante los dos últimos años, hacia el final de todo, y eso es algo que me ha costado mucho admitir, porque le fallé a una de mis heroínas. No lo hice a propósito, pero me di cuenta de que nos estábamos distanciando y no hice nada al respecto ni lo hablé con ella. Sin embargo, nuestros amigos sí avanzaban en sus relaciones. Y recuerdo pensar en aquella época en que preguntarle a una pareja cuándo van a tener hijos o a casarse puede resultar hiriente o irrespetuoso.

Cada vez que he levantado mis defensas y he necesitado algún tipo de inspiración, la música me ha hablado directamente al corazón y me ha ayudado a hacer aflorar los sentimientos más duros. Una noche, muy tarde, volvía a casa en coche de un evento en el que había intervenido como orador. Eran cuatro horas de viaje de vuelta. Estaba cansado y sensible, como siempre después de dar una charla. Había hablado de mi vida, había compartido historias sobre mis alegrías y mis traumas, y en el camino de vuelta a casa volví a revivirlo todo. Tenía la radio encendida y oí la hermosa e inquietante melodía de *Wasting My Young Years*, de London Grammar.

La letra me hablaba con tanta sinceridad que me resultaba dolorosa: «Estoy desperdiciando mis años de juventud».

Me eché a llorar y sentí una mezcla de dolor y culpa.

Estaba librando una guerra interna, tratando de ganar la extraña batalla de no vivir según mis necesidades, sino haciendo cosas que sentía que tenía que hacer. En algún momento del camino había perdido mis valores: estaba demasiado ocupado complaciendo a la gente, complaciendo al mundo, estando cada día al lado de los demás pero no a mi lado, y no siempre al lado de las personas que me importaban.

Apreciaba mucho a mi pareja, y sigo haciéndolo, pero ¿estaba impidiéndole avanzar en su camino? «¿Cómo lo afronto? ¿Qué tengo que hacer? ¿Cómo la ayudo? ¿Cómo lo soluciono? ¿Qué es lo correcto?». Estaba perdido.

Paré en una estación de servicio y me eché a llorar.

Me daba miedo hacer un cambio en mi vida porque no quería estar solo. No quería perder a una amiga, mi red de seguridad, mi vida. Me sentía egoísta y mala persona.

Después de cuatro horas y cientos de kilómetros, por fin llegué a casa. Detuve el coche en la entrada. Era más de medianoche y todas las luces estaban apagadas.

Apagué el motor, sin saber adónde ir. Me quedé allí sentado, sin moverme, no sé por cuánto tiempo.

Al final entré y me preparé para irme a la cama, esperando no despertarla.

A la mañana siguiente nos despertamos, hablamos y volvimos a la rutina normal… Solo que empecé a tener ataques de pánico porque estaba muy estresado y no podía dejar de pensar en mi situación.

Empecé a hacer yoga y meditación para intentar procesar mis pensamientos y hacer frente a mi ansiedad. Lo cierto es que me ayudó, pero seguía teniendo pendiente tomar una decisión y hacer un cambio en mi vida.

Adquirí la rutina de hacer yoga todos los domingos, así que un día, después de la práctica de yoga, estaba en la habitación cambiándome. En ese momento vi con absoluta claridad lo que había que hacer en nuestra relación de pareja: a partir de entonces nuestras vidas debían seguir caminos separados.

Sabía que era la decisión correcta, pero pasé mucho miedo durante varias semanas. Me cuestionaba lo que había hecho. No diría que me arrepentía o que quería recuperar a mi pareja, pero esa red de seguridad había desaparecido y eso me asustaba. Ya no contaba con mi rutina y eso me inquietaba.

Pero en el fondo de mi alma, sabía que era lo correcto y que hacía tiempo que debería haberlo hecho.

Desde aquella ruptura, he crecido como persona y me he enfrentado a cosas a las que nunca había tenido la oportunidad de enfrentarme.

Me he dado cuenta sobre todo de que tanto la rutina como mi red de seguridad me protegían, sí, pero también me impedían un mayor crecimiento personal, así como avanzar en el proceso de curar mis heridas.

Necesitaba estar solo, y lo estuve durante dos años.

Viajé a sitios recónditos. Conocí a desconocidos en los lugares más insólitos e hice contactos con gente que no habría conocido si no hubiera dejado atrás esa red de seguridad.

Cuanto más me descubría a mí mismo, más oportunidades se me presentaban.

Seguí aumentando la seguridad en mí mismo y fui capaz de decir que no. Podía entender mis límites, y aunque seguía improvisando, ya no sentía la necesidad de complacer a todos y decir siempre que sí. Fui ganando control. Descubrí que mi energía es muy valiosa y que solo yo puedo controlar hacia dónde la canalizo.

Seguí recaudando dinero para causas que me parecían importantes. Lo hice discretamente y con la actitud de que cualquier cantidad recaudada era enorme.

He seguido visitando a familias y compartiendo momentos vitales con ellas. El hecho de que personas de todo el mundo compartan sus vidas y momentos conmigo me hacen sentir muy afortunado. Siento que ahora tengo familia por todo el mundo y que este se ha convertido en mi verdadero hogar.

Una noche estaba tomando unas cervezas con el héroe que me consiguió aquel trabajo en el bar hace años, cuando me dijo, como si tal cosa: «¿Por qué no te montas tu propia organización benéfica, tío?».

Y así lo hice.

Fundé una organización benéfica con mis amigos de toda la vida. Cuando viajaba y conocía a todas esas familias, podía apoyarlas emocionalmente, pero cuando visitaba países con menos recursos conocí a familias que no podían permitirse asistencia médica y dependían de la financiación o del seguro médico, pero a veces el seguro que debía ayudarlos los rechazaba. Así que quise hacer algo más por ellas.

Ya había trabajado en proyectos similares de menor envergadura con una amiga y juntos creamos la fundación Love Me Love My Face. Hoy ayudamos a familias de todo el mundo afectadas por las deformaciones faciales ofreciéndoles apoyo emocional y médico.

Cuando tuvimos que diseñar el logotipo, se me ocurrió utilizar mi silueta, porque cualquiera que conozca el Treacher Collins la reconocería. Me puse en contacto con otra amiga de siempre, que es tatuadora, que visualizó lo que tenía en mente y creó un logotipo increíble y en el que la gente nos reconoce al instante. Juntos hemos ido cosechando cada vez más éxitos.

He pasado de cuestionarme a mí mismo y pensar que tenía que hacer algo para que la gente fuera mi amiga, a creer realmente en algo y descubrir que esos mismos amigos quieren participar de forma activa en ello. Me encanta que se haya obrado ese cambio en mí.

He podido ver mundo y hacer toda clase de cosas fabulosas. He hecho *puenting* saltando desde los puentes de los puertos, he visitado hospitales, he probado comidas exóticas, la policía de frontera me ha pedido una selfi y un autógrafo cuando atravesábamos los Andes hacia Chile.

He escalado las montañas más altas del mundo. He hecho muchísimas cosas con gente que antes creía que me odiaba y me juzgaba, pero veo amor y conexión dondequiera que voy, aplaudiendo quién soy.

Y aun así, lo más curioso era que cuando volvía a casa después de hacer las cosas más increíbles, o cuando vivía mi día a día, mis sentimientos me pillaban desprevenido y me daban otro puñetazo en el estómago.

Llegaba a casa después de algún evento y, cuando estaba limpiando o haciendo la compra semanal, de pronto me echaba a llorar. Las emociones se apoderaban de todo mi cuerpo y afloraban literalmente en forma de lágrimas.

Algo seguía fallando. Seguía sin ser capaz de estar lleno cuando lo necesitaba. O lo hacía cuando ya era demasiado tarde. A pesar de que de cara a la galería todo parecía ir como la seda, no tardaría en descubrir lo rápido que las cosas pueden venirse abajo y hasta qué punto las redes de seguridad que me había construido llegarían al límite.

A los treinta y pocos hubo un año en el que sentía que todo lo que tocaba se convertía en oro. Muchas veces tenía que pellizcarme porque la vida me iba viento en popa en todos los aspectos: aplaudía el amor propio que sentía; confiaba en mis límites; cuando jugaba al fútbol, marcaba algunos goles y jugaba bien; cuando entrenaba, sentía que estaba en forma; cuando visitaba la sección de repostería del supermercado, elegía el pastel más grande y me lo comía entero; cuando trabajaba con las organizaciones benéficas, la gente me escuchaba, me prestaba su apoyo y donaba dinero; mis relaciones eran sanas; disfrutaba de tiempo a solas y de tiempo con otras personas; mi carrera profesional estaba avanzando; tenía ahorros en el banco e incluso hacía proyectos de bricolaje en casa. Todas las áreas de mi vida parecían estar en perfecto estado.

Sin embargo, un mes de enero todo se derrumbó en cuestión de semanas. Una relación terminó inesperadamente. A los pocos días me llamaron por teléfono para decirme que mi madre se había desmayado. Cuando corrí a su casa, recuerdo ver desde lejos cómo la metían en la camilla en la parte trasera de una ambulancia. Se me encogió el corazón. Corrí hacia la ambulancia y, aunque estaba dolorida y avergonzada y no sabía muy bien lo que pasaba, sonreía y me tranquilizaba. Tras una temporada en el hospital, se recuperó por completo, pero fue un episodio pavoroso para todos nosotros. Siempre he temido cómo sería mi vida sin mi madre y viví los días siguientes ensimismado en mis pensamientos. Tenía la sensación de que iban a abandonarme de nuevo y no podía hacer nada al respecto.

Unos días más tarde, mientras iba en coche al gimnasio, choqué contra el costado de otro coche. Por suerte, el otro conductor y yo salimos ilesos, pero emocionalmente yo estaba hecho un desastre.

Sufría lo indecible y sentía dolor y tristeza a cada momento. Solo quería que todo a mi alrededor se detuviera y desapareciera. Ya no quería sentir nada de aquello, simplemente no podía gestionarlo. Bebía alcohol a diario, pero al recordarlo, veo que eso solo empeoró las cosas. Una noche me bebí una botella de whisky y me quedé inconsciente. Recuerdo que me desperté con un dolor en el pecho y un hormigueo en el brazo izquierdo. Me incorporé con la esperanza de que fuese por una mala postura al dormir, pero los síntomas fueron a peor. Me levanté y me puse a andar por la casa. No mejoraba. Me tomé un paracetamol y esperé a que me hiciera efecto, pero mientras esperaba empecé a pensar de nuevo: «¿Por qué a mí? ¿Por qué me está pasando todo esto ahora?». Tenía miedo y todo se me hacía demasiado cuesta arriba.

Llamé al número de emergencias y enviaron a un técnico auxiliar que me hizo sentarme en el sofá y me pidió que me concentrara en la respiración. Respondió a mis preguntas y en pocos minutos me tranquilicé y los dolores desaparecieron.

Se fue y yo volví a la cama, pero mientras estaba allí tumbado me eché a llorar.

Al día siguiente, todas las emociones seguían a flor de piel, pero una vez más, no hablé con nadie de ellas. Me encerré por completo en mí mismo. Me acordé de la sonrisa falsa que esbozaba un tiempo antes y volví a utilizarla. Conseguí superar el día rodeándome de gente, pero cuando estuve solo de nuevo experimenté momentos de una tristeza enorme que me produjeron taquicardia.

Llegó la noche y se repitió el mismo patrón: más alcohol y sueño, y luego me desperté con el mismo dolor en el pecho. Esta vez me acordé de lo que me había dicho el auxiliar, así que me senté en el mismo sitio en el sofá y me concentré en la respiración. Por suerte, mi ritmo cardiaco se calmó y el dolor desapareció.

Volví a meterme en la cama agotado y con un profundo sentimiento de derrota. «¿Cómo puedo hacer que pare todo esto?», me pregunté.

Al día siguiente seguía sin encontrarme bien e hice todo lo posible por tratar de apaciguar mi corazón, pero hiciera lo que hiciera, nada funcionaba, y decidí ir directo a urgencias. Hice frente a toda la situación yo solo. Ahora no sé por qué, pero ni siquiera se me ocurrió pedir ayuda. Era justo lo que había estado predicando durante años, pero ni siquiera se me pasó por la cabeza.

En el hospital, les di mi nombre y les expliqué por qué estaba allí. La administrativa que había detrás del mostrador me dedicó una sonrisa tranquilizadora y me pidió que me sentara en la sala de espera. En ese momento me sentí bien, como si fueran a darme algún tipo de respuesta y todo fuera a solucionarse.

Cuando me llamaron y me vio el médico, le describí los dolores que había sentido en el corazón y en el pecho. Una vez más, no le dije nada de toda la parte emocional. Es increíble lo rápido que pueden reaparecer todas las estrategias tóxicas para gestionar los problemas.

Dijo que me haría algunas pruebas para ver qué tenía.

Me quedé allí y, al cabo de un rato, me hicieron unas pruebas y me dijeron que esperara. Me paseé por la sala hasta que llegaron los resultados. «Seguro que tengo algo y me lo van a detectar», pensé para mis adentros.

Al cabo de un rato se me acercó un médico.

—Llevo media hora observándote —me dijo—. No has parado quieto ni un segundo. ¿Qué te pasa?

Le contesté que me preocupaban mis resultados y me dijo que habían llegado hace un rato y que todo estaba bien. «Pero te he estado observando y estoy preocupado».

Le dije que estaba bien, que era un alivio que no tuviese nada malo y que eso me ayudaría, pero él no parecía convencido y me aconsejó que me cuidara emocional-mente. «Ve a hablar con alguien», me dijo.

Le di las gracias y me fui.

Hice caso omiso de su consejo y, de camino a casa, compré más alcohol y vi una película para tratar de olvidar mis penas. La película mezclada con el alcohol desencadenó todo tipo de emociones: se me aceleró el corazón, empecé a sudar, corrí por toda la casa, lloré... La sensación de querer que todo acabara volvió a apoderarse de mí. Me metí en la cama, me hice un ovillo y lloré, deseando que todo acabara. Al final me dormí y pude descansar temporalmente de toda la mierda que me estaba invadiendo.

Pero de madrugada me desperté y, en cuestión de segundos, sentí que los mismos sentimientos de dolor y tristeza me aplastaban por completo.

No podía pensar en otra cosa que no fuera poner fin a esos sentimientos. Recuerdo que estaba en la cocina y me puse a examinar los cuchillos. «La gente acaba con esto así», pensé, pero me daba demasiado miedo tocarlos. Entonces recordé una noticia reciente en la que alguien se había quitado la vida trágicamente y empecé a obsesionarme con los detalles: «¿Cómo encontró esa persona el momento y el lugar adecuados para acabar con todo?». Y por último: «¿Cómo llego yo a ese punto? ¿Cómo termino con todo esto?».

Por suerte, la realidad se impuso y esos pensamientos desaparecieron. Permanecí sentado e inmóvil, con el cuerpo entumecido. Luego cogí el teléfono y llamé a una línea de atención para la prevención del suicidio. El hombre que estaba al otro lado me escuchó. No recuerdo haber recibido ningún consejo ni haber hecho nada en particular; simplemente estuvimos hablando y, tras la conversación, me metí en la cama y conseguí conciliar el sueño.

A la mañana siguiente supe que tenía que hacer algo más. Sabía que tenía que contarle a alguien lo que sentía y abrirme. Empecé por mis amigos. Escribí un largo mensaje explicándoles lo que había pasado la semana anterior y todo lo que había sentido. Lo compartí todo con ellos, sin omitir ni una coma. Era una redacción en toda regla, y la corregí varias veces, mientras pensaba: «¿Borro el mensaje o lo envío?».

Decidí darle a enviar y tiré el teléfono al suelo.

Me daba miedo leer lo que pasaría después, saber lo que pensarían de mí.

Empecé a recibir mensajes de respuesta, y al leerlos, todos eran mensajes llenos de amor y apoyo. Mis amigos y yo quedamos en vernos más a menudo, fuera de las quedadas para emborracharnos, para comer juntos y volver a conectar. Y así lo hicimos.

Poco después me llamó mi médico. Resulta que el médico de urgencias había informado a mi médico de cabecera de lo ocurrido y le había dicho que estaba preocupado por mí. Mi médico me preguntó qué iba a hacer al respecto y juntos elaboramos un plan. Decidimos que necesitaba más ayuda, así que, además de hacer yoga, ejercicio, meditación y hablar abiertamente de mis sentimientos con los que me rodeaban, decidí acudir al psicólogo. Tardé varios intentos en encontrar al profesional adecuado, pero una vez que lo conseguí la terapia me ayudó a hacer buena parte del trabajo que aún no había hecho, que descuidaba o que no sabía que tenía que hacer. Todavía hay sesiones que me dejan descolocado, pero en general la terapia ha sido muy importante y animo a todo el mundo a que la incorpore a su vida si tiene los medios para hacerlo.

Sin embargo, la terapia no es para todo el mundo, y hay otras formas de obtener ayuda.

Con el tiempo, expliqué a mi familia todo por lo que había pasado y más tarde subí una versión resumida a mis redes sociales: ¡estamos juntos en esto!

He sacado un par de cosas de toda esta experiencia:

En primer lugar, me he dado cuenta de que cuando experimento emociones fuertes, el alcohol no me ayuda en absoluto, así que procuro mantenerme bien lejos de él.

En segundo lugar, he sido consciente de que la vida, nuestra salud mental y física pueden cambiar literalmente en un instante. Con esto no estoy sugiriendo que haya que vivir dentro de una burbuja, pero siempre intento recordar que por muy feliz que sea, por muy seguro que me sienta, debo seguir estando en contacto con mis emociones, para estar mejor preparado para lo que me depare la vida.

¿Qué o quién te hace sentir seguro?

¿Cómo es tu rutina ideal? ¿La rutina que hace que te sientas fuerte, capaz de enfrentarte a los obstáculos que la vida puede ponerte por delante?

¿Dedicas tiempo a analizar tus emociones?

¿Hay alguna relación en tu vida a la que te aferras porque temes perder parte de tu red de seguridad? ¿Te sientes lo bastante libre para crecer y ser tu yo auténtico?

9

¿MENOS ES MÁS?

Cuando llegué a la treintena, sentía que estaba haciendo grandes cosas, todas trascendentales, pero lo más importante es que tenía más control sobre cómo y cuándo atender mis necesidades antes que las de los demás. Lo que descubrí y debía asimilar era que la vida está llena de cosas más pequeñas, y que hay que reconocerlas y vivirlas tanto o más. Fueron esas cosas las que consiguieron que siguiera atendiendo mis necesidades y, por tanto, una vez satisfechas, que atendiera las de los demás.

No es posible hacer cosas trascendentales todos los días. No es realista y, lo que es más importante, no te ayuda a sentirte conectado emocionalmente.

Poco después de recibir la noticia de mis padres biológicos, una familia que tenía una hija pequeña con Treacher Collins se puso en contacto conmigo para preguntarme si podían conocerme. Accedí de inmediato: aquello era justo lo que había necesitado yo de niño: conocer a alguien con la misma enfermedad, ver a alguien que tenía seguridad en sí mismo, una sonrisa, una energía capaz de demostrarme que había algo de luz al final del túnel.

Mientras viajaba en tren hacia el sur para reunirme con ellos en su casa, reflexioné sobre mis padres biológicos y su rechazo. Pensé en mi abuela secreta. Me sentía querido y estaba emocionado y nervioso por conocer a aquella familia.

Quería ser una especie de faro luminoso para ellos, quería llevarles esperanza, quería que vieran un futuro de felicidad.

Pero también quería mostrarme realista, sin edulcorar nada. Lo tenía todo en la cabeza.

Cuando llegué, la madre y su hija me recibieron en la puerta. No pude evitar sonreír. Me invitaron a entrar y pasamos la mañana desnudando nuestras almas. Intercambiamos pensamientos y sentimientos con absoluta franqueza. La familia tenía dos hijos, hicimos unos dibujos y pasamos el rato juntos.

Aún conservo el dibujo que me hizo la niña aquel día, un dibujo que me ha marcado como ninguna otra cosa. No había ningún plan, ningún motivo, solo el dibujo de una niña que hicimos juntos.

Cuando me fui, supe que necesitaba hacer más cosas de ese tipo. Más familias me tendieron la mano y cada vez que me preguntaban qué quería hacer, pensaba en aquella visita y decía: «¡Quiero hacer todo lo que hacéis en familia!».

Ahora todo ha ido mucho más allá y la verdad es que valoro y sé apreciar todos los detalles de mi día a día, tal y como vienen:

El café de la mañana y lo bien que sienta.

Los paseos descalzo por el jardín o por un arroyo cercano.

Los recuerdos que puede resucitar una canción.

Un mensaje que aparece de pronto en tu teléfono.

El sabor de tu comida favorita.

Observar la naturaleza y toda su belleza.

El momento en que te das cuenta de que tienes algo en común con alguien.

Hablar con alguien y darte cuenta de que «lo entiende».

Todas esas cosas me rodean a diario y, a veces, si por lo que sea estoy obsesionado con el próximo gran objetivo, las paso por alto, así que intento verdaderamente apreciar todas esas cosas, más que nunca.

He descubierto algunas conexiones poderosas conmigo mismo y con el mundo que me rodea cuando acepto esas cosas «pequeñas» que, en realidad, resultan ser bastante grandes.

Me invitaron a dar una charla sobre autoestima en Estados Unidos y, durante ese fin de semana, conocí a alguien.

Llegué por la noche, muy tarde, me registré en el hotel y me fui directamente a la cama. Al consultar el programa, vi que al día siguiente había una sesión de yoga por la mañana temprano y pensé que eso me vendría de perlas para prepararme para los días siguientes.

A la mañana siguiente, me desperté y me puse las mallas y el chaleco antes de dirigirme al vestíbulo.

Vi a una mujer en la zona de la recepción. También llevaba unas mallas y, como no pensaba en otra cosa que no fuera mi clase de yoga, supuse que era la profesora.

Me acerqué a ella y le pregunté si lo era. Se puso roja como un tomate y dijo: «No, no soy la profesora, pero la clase es ahí, delante del hotel».

Le di las gracias y me marché, sin darme cuenta de que acababa de lanzarle el mejor de los piropos.

Pasé los siguientes días en modo trabajo. Siempre lo estoy cuando viajo: concentrado en la causa, concentrado en las familias, concentrado en difundir la autoestima y el amor por uno mismo.

Aquella mujer y yo muchas veces nos sorprendíamos sentados uno al lado del otro, o gravitando el uno hacia el otro.

Ninguno de los dos hizo nada al respecto y los dos volvimos a casa, yo al Reino Unido y ella, a su estado natal.

Sin embargo, seguía sintiendo algo difícil de explicar y me puse en contacto con ella.

Empezamos a hablar y ese extraño sentimiento se hizo más intenso.

Ya sé lo que estás pensando: que estaba repitiendo patrones, buscando otra relación de nuevo.

Pero lo cierto es que había crecido como persona. Había hecho un gran trabajo para sanar mis heridas. Esta vez no me sentía solo, no buscaba afecto ni amor, no sentía que me faltara algo. Quería explorar esa pequeña conexión y pienso que todo el mundo debería tener la suficiente confianza para hacerlo.

Los dos hablábamos con frecuencia y, obviamente, éramos muy conscientes de que había un charco gigantesco entre nuestros hogares respectivos, pero estaba enseñándole mi yo auténtico y creo que ella también.

Tenía treinta y cuatro años y una renovada confianza en mí mismo, así que, tras una conversación por teléfono con ella hasta altas horas de la noche, pensé: «Voy a pedirle que salga conmigo».

Y eso fue lo que hice. Le pedí una cita.

Me dijo que sí.

Bien.

¡Madre mía, ha dicho que sí!

Esa noche reservé un vuelo a Estados Unidos y a la semana siguiente sobrevolé el gigantesco charco para salir con ella en nuestra primera cita. Bueno, ella me recogió primero en el aeropuerto y la cita continuó a partir de ahí.

Fuimos al centro a comer algo.

Paró el coche delante de un restaurante y no pude esperar más. La besé allí mismo, en el aparcamiento.

Nos tomamos unos margaritas y unos tacos y pasamos una increíble semana juntos.

Llevo un tatuaje en el talón de Aquiles con el número 4.628 en la parte posterior, que es la cantidad de millas que volé para salir con esa mujer, pero esa cifra representa mucho más que una simple distancia: significa conexión, no solo romántica, sino cualquier tipo de conexión humana que pueda establecerse en un momento dado. Esa cifra me ayudó a darme cuenta de que busco y me siento atraído por conexiones que llenen mi vida de una energía extraordinaria, y esas conexiones son mucho más profundas cuando soy mi yo auténtico, lleno de autoestima y amor por mí mismo.

Es como un superpoder capaz de hacer que ocurra cualquier cosa.

Pasamos juntos dos años alucinantes y maravillosos antes de que se acabara. Crecimos juntos como personas: no nos dejamos arrastrar ni nos conformamos con la rutina. Nos abrimos, lo compartimos todo y pasamos a la acción, aunque esa acción definitiva consistiese en seguir caminos separados como pareja.

Aún hoy seguimos en contacto y ambos conservamos nuestros recuerdos y nuestra conexión increíbles.

La razón por la que cuento aquí esta historia es porque tuve que concentrarme en las pequeñas cosas cotidianas de la vida para sobrellevar esa etapa. Cada vez que iba a verla, sentía como si fuera una enorme cuenta atrás y que, cuando estábamos juntos, estábamos obligados a hacer siempre algo superespecial porque no volveríamos a encontrarnos hasta al cabo de otro mes, así que las pequeñas cosas verdaderamente adquirieron una gran importancia en mi vida.

Había pasado de esconderme en mi habitación a salir a ver mundo.

Cuando la gente me pregunta cuál es mi país favorito, siempre pienso en la gente maravillosa que he conocido por el camino y eso influye en mi respuesta.

La vida es conexión, y cuando estás lleno de autoestima y amor por ti mismo, eres como un imán para las mejores conexiones. ¡Estás preparado para enfrentarte a todo lo que te depare la vida!

10

PERO ¿QUÉ ES REALMENTE EL AMOR PROPIO?

¿Qué es el amor por uno mismo?

Hay una diferencia entre la arrogancia, fingir que eres algo que no eres, y sentir un aprecio verdadero y profundo por uno mismo. Creo que el amor propio es ser capaz de quererse física, emocional y espiritualmente. El amor propio empieza por ser amables con nosotros mismos, llenando nuestro cuerpo de líquidos y buenos alimentos y dejando también espacio para algún que otro capricho. El amor propio es disfrutar de nuestro cuerpo, dejar que se mueva y sea libre, sin las limitaciones que le imponemos bajo nuestra mirada crítica. El amor propio tiene límites saludables que nos protegen. Es tener sueños y metas, así como la suficiente seguridad en uno mismo para perseguirlos.

Quiero que tengas tanto amor propio dentro de ti que te salga a raudales, para que te proteja de las calamidades que la vida nos pone a veces por delante, ¡para que puedas ser tu propio héroe!

¿Por qué es importante?

Hay momentos en los que estás solo.

Tus héroes van y vienen.

Puede que tu salud ya no sea tan buena como antes.

Puedes perder tu fuente de ingresos.

Puede que te arrebaten tu red de seguridad.

Sea lo que sea lo que te pase en la vida, cada noche te vas a la cama con la cabeza llena de pensamientos y un corazón que late única y exclusivamente por ti.

No digo que debas estar solo. Te animo a que te rodees de amor: muéstrate receptivo y ábrete a los héroes que puedes conocer un día cualquiera. Pero lo más importante: haz el trabajo de desarrollo personal necesario para ser tu propio héroe, lleno de una autoestima propia de superhéroe, y con eso irás mejor equipado por la vida para percibir y conectar con todo lo que nuestro hermoso mundo tiene que ofrecer.

¿Qué te aportará el amor propio?

Veamos por qué es tan poderoso y qué te aporta cuando lo cultivas:

Una felicidad duradera a largo plazo.

Relaciones más significativas.

Libertad frente a las presiones y las expectativas sociales.

Una carrera que te procure más satisfacción que éxito.

Más energía, una nueva inyección de vida.

Todo esto ha seguido abriéndome puertas y brindándome oportunidades una y otra vez.

Me ha permitido conocer a los mejores amigos del mundo. Y me ha ayudado a encontrar el mejor amor.

Hubo una época en que aparté de mi vida a todos mis héroes y la oscuridad se apoderó de mi alma, llevándome a odiar todo lo que había aplaudido cuando era un niño inocente.

Creía que mi cara me impediría conseguir todas las metas que me había propuesto en la vida.

Creía que no había sitio para mí en este mundo.

Así que me escondí de todo y de todos, lleno de odio y de los pensamientos más negros.

No tenía ni una pizca de amor dentro de mí.

Y creía que no había una sola persona en el mundo que me entendiera.

Sin embargo, hoy estoy tan lleno de amor que la gente lo nota cuando estoy cerca de ella. Yo mismo noto cómo fluye por el interior de mi cuerpo, desde que me despierto hasta que cierro los ojos al final de la jornada.

Adoro todo lo que soy. Ya no me escondo. Vivo mi siguiente aventura al tiempo que valoro todas las pequeñas cosas que he encontrado por el camino.

Pero ¿cómo he llegado a este punto?

Bueno, no fue gracias a la cirugía estética. Me plantearon esa opción durante gran parte de mi infancia y, por diversas razones, la rechacé, y me alegro mucho de haberlo hecho. Sé que a algunas personas les funciona y eso está muy bien, pero mis elecciones me han llevado por un camino muy distinto.

Ese crecimiento personal no se produjo gracias a un filtro que encuentras en una aplicación de una red social o en la configuración de la cámara.

No se debió a una crema autobronceadora ni a ninguna dieta milagrosa.

No se debió a lucir ropa cara ni conducir un coche de lujo, bueno, un Clio tuneado.

No se debió a beber una botella de whisky ni al sexo.

No se debió a la aparición en mi vida de otra persona, la persona a la que con tanta desesperación había estado buscando.

No se debió al hecho de que dejara de poner límites y siguiera complaciendo a la gente.

No se debió a depender de una rutina fácil y segura.

Sí, a veces experimenté con todo lo anterior y encontré el amor y la felicidad con carácter temporal, pero eran un amor y una felicidad frágiles, falsos o muy breves, y luego necesitaba la siguiente dosis de algo de la lista anterior para sentirme feliz.

Pero a la larga, depender solo de esas cosas me frenaba, ya que me impedía hacer el trabajo personal que tenía que hacer.

El verdadero crecimiento personal duradero y el amor por mí mismo vinieron de dentro, se debieron exclusivamente a mí. A veces nacían de los rincones más profundos y difíciles de encontrar que todos llevamos dentro.

En definitiva, mis héroes me ayudaron a seguir adelante, a menudo insuflándome esperanza cuando la creía perdida.

Me imbuí de esa esperanza y con ella pude asumir el control de mi vida y hacer el trabajo personal necesario.

Pasé tiempo conmigo mismo y sentí todas las emociones posibles.

Llegué a desentrañar las razones por las que me sentía así, a pesar de lo mucho que eso me asustaba.

Compartí mis sentimientos con otras personas, y gracias a ello pude clasificar y asimilar ciertas emociones que me permitieron dejar atrás el odio.

Me lancé ahí fuera y conocí y hablé con desconocidos que me hicieron tener fe en la humanidad. Me expuse a situaciones que me daban miedo, sobreviví a ellas y luego las hice mías.

He aprendido que hay que acoger y aplaudir la diversidad porque nuestra singularidad es lo que nos hace ser quienes somos.

Las personas más increíbles de este mundo se sienten atraídas por tu verdadero yo.

El odio llama al odio y el amor llama al amor.

Gracias a todo eso, se abrieron puertas, cultivé la amistad y mi amor por mí mismo se hizo más grande y más fuerte.

Sigo inmerso en este viaje y hay días en los que mi luz se hace más tenue, pero también hay chispas en mi interior que siguen prendiendo la llama de mi amor propio y este hermoso mundo en el que vivimos.

Nace de mi interior y está dentro de cada uno de nosotros.

Quiero que empieces a escribir una lista diaria o semanal de todas las cosas por las que te sientes agradecido. Pueden ser cosas grandes o pequeñas.

Por ejemplo, me siento agradecido por tener un lugar seguro donde dormir esta noche.

Me siento agradecido por haber podido invertir mi tiempo en formas de cuidarme.

Me siento agradecido por poder conducir y ser lo bastante independiente para viajar solo por ahí mientras escucho mis canciones favoritas.

Hay muchas cosas a nuestro alrededor que podemos dar por sentadas, pero cuando empiezas a enumerarlas, te das cuenta de la cantidad de cosas por las que hay que estar agradecido. Este ejercicio te ayuda a sentirte más positivo, y esas buenas vibraciones nos ayudan a convertirnos en nuestro propio héroe.

11

PENSAMIENTOS QUE CURAN

Gracias a haber compartido y exteriorizado todas las cosas que tanto miedo me daban y que escondía en lo más hondo de mi ser, y a haber descubierto y explorado las cosas que me gustan de mí mismo, ahora puedo mirar atrás y volver a analizar áreas de mi vida que antes me causaban mucho dolor con una mentalidad diferente, más poderosa y sanadora.

Cada vez que alguien me miraba fijamente, cada vez que me insultaban o se reían de mí, me preguntaba qué podía hacer para arreglarlo o impedirlo, y miraba hacia dentro, buceando en mi interior: «¿Qué podía hacer o cambiar?». Cuando lo cierto es que eso nunca estuvo en mi mano.

No me acosaban por tener una deformidad facial.

No me acosaban por llevar audífonos.

No me acosaban por llevar las gafas torcidas.

Me acosaban porque la otra persona tenía un odio o una tristeza en su interior que la estaba destruyendo poco a poco.

¡Ojalá me hubiera dado cuenta de eso cuando era más joven!

A medida que el uso de las redes sociales aumenta cada vez más, también lo hacen los trols, y creo que todos podemos ser víctimas de algún tipo de odio, ya sea directa o indirectamente dirigido contra nosotros.

Lo siento por quienes cargan a cuestas con todo ese odio. No ven el mundo como yo; no ven la belleza que yo veo ni experimentan las conexiones que experimento, y me siento afortunado por poder vivir mis aventuras y establecer conexiones con tantas personas extraordinarias a lo largo del camino. El futuro me depara mucho más aún y eso hace que esté entusiasmado.

Y ahora expondré unas últimas pinceladas en cuanto a lo que pienso sobre mis padres biológicos.

Me he preguntado muchas veces por qué no pudimos vivir juntos como familia.

En mi cabeza siempre han sido miembros de aquel grupo de música; puede que su aspecto haya cambiado, pero siempre he pensado que se querían.

Ha habido días en los que pensaba que la razón por la que me habían abandonado era por amor, por ellos, por mí.

Ha habido días en los que pensaba que la razón por la que me habían abandonado era por odio. «¿Cómo pudieron hacerme eso?».

Por suerte, el odio hace tiempo que desapareció.

En mi cumpleaños, en Navidad o en cualquier otra ocasión especial que vivo y celebro con orgullo, suelo reflexionar sobre la vida. Pienso en mis padres biológicos y les envío pensamientos positivos y amor.

«Vosotros me disteis la vida; me trajisteis a este hermoso mundo y me disteis la oportunidad de vivirlo, valorarlo y aplaudirlo.

»Vosotros fuisteis el origen de todo; creasteis una nueva vida y me corresponde a mí llenarla de amor y aventura».

Y eso es justo lo que hago, de forma incesante… y a medida que lo hago, me esperan aún más aventuras fantásticas. Descubriré más amor por mí mismo, expresaré y compartiré con los demás las cosas que me entristecen y conoceré casualmente a más desconocidos extraordinarios en los momentos más insospechados, y cualquiera de ellos podría ser un héroe que no lleva capa, ¡como tú!

Mis pensamientos sanadores también reconocen que siempre queda trabajo por hacer, que nunca acabamos de sanar del todo. Mientras escribo esto, siento que he trabajado mucho en y conmigo mismo. Desde el primer día me enfrenté al rechazo, desde el primer día crecí con una diferencia evidente para todos desde el momento en que me conocían, y eso me ha obligado a hacer el trabajo personal necesario desde muy joven. Aunque, como ya he dicho, hubo momentos en los que opté por no hacer ese trabajo personal tan necesario y lo ignoré, hice todo lo demás menos el trabajo.

Así que, sí, ahora mismo estoy en un buen momento. No solo sé quién soy, sino que me encanta quién soy, aplaudo quién soy. Me muestro abierto sobre mis sentimientos. Pero aún queda trabajo por hacer. Supongo que siempre hay trabajo por hacer y no deberíamos tener miedo a hacerlo.

Hace poco sufrí una ruptura sentimental (la que he mencionado de pasada) y el efecto que tuvo en mí puso de manifiesto que aún me quedaba mucho más trabajo por hacer.

En cualquier relación nueva, así como en las que mantengo actualmente, siempre soy mi auténtico yo. Soy muy claro con mis límites. Comparto mi lenguaje amoroso, mis sueños y mis esperanzas. La otra persona tiene que corresponder a mi energía, y lo cierto es que sentía que eso era lo que sucedía con esa persona en concreto. Las cosas iban bien, pero entonces ella se sinceró y me dijo que ya no podía seguir y nuestra relación terminó.

Las rupturas son algo horrible y aquella fue horrible.

Sin embargo, esta vez lo que descubrí fue que cuando ella puso fin a lo nuestro, me encontré con que la quería aún más; el hecho de que nuestra relación hubiera terminado no impidió que mi amor por ella creciera.

Me pregunté por qué. Quería saber por qué me ocurría eso.

Hablé con mi terapeuta y me aconsejó que trabajara con mi niño interior.

Cuando pasé un año descubriendo las cosas que me gustan de mí mismo, también dediqué un tiempo a trabajar en mi niño interior. Para ello, cogí uno de mis viejos peluches y le puse una de mis viejas camisetas de rugby. Pasé tiempo con él, escuchándolo, hablando con él. Me acompañaba a todas partes. Se convirtió en el Pequeño J. y le quería mucho, me encantaba todo él, incluidos sus ridículos cortes de pelo.

Así que, cuando mi terapeuta me hizo esa sugerencia, esta vez supe enseguida lo que tenía que hacer.

Tenía que ir a hacer una sesión de fotos y el trayecto en coche hasta allí duraba dos horas, era una oportunidad de oro para pasar un rato con el Pequeño J.

Preparé los bocadillos, senté al Pequeño J. en el asiento del copiloto, puse música y nos pusimos en marcha.

Fui directo al grano: «¿Por qué nuestras parejas siguen dejándonos? ¿Por qué nos siguen rechazando?». Eran las cosas que me obsesionaban durante esa ruptura en particular. «Soy un gran tipo, siento que soy un gran compañero, así que ¿por qué la gente sigue abandonándome?».

Soy muy consciente de que en las rupturas no siempre obtenemos respuestas o explicaciones por parte de la otra persona y, a veces, tampoco tenemos derecho a que nos las den. Me centré en mí y en lo que podía hacer para superarlo.

Mientras conducía, empecé a repasar las veces que nos habían rechazado. Fue algo que surgió de forma natural y me eché a llorar. Me hacía daño, era horrible. La lista era larga y el dolor muy profundo.

Pero al cabo de un rato pensé: «Espera, ¿y qué hay de las cosas y sobre todo de las personas a las que atraes?».

He tenido rupturas y luego he comenzado nuevas relaciones, relaciones increíbles que acabaron de forma amistosa. Relaciones de las que me siento muy agradecido por haberlas vivido. De repente, empecé a pensar y a sentir todas esas otras cosas extraordinarias que he atraído a lo largo de mi vida: la familia, las amistades, las oportunidades, la vida.

Pequeño J., todo lo que eres, todo ese amor propio… atraemos muchísimas cosas extraordinarias, conexiones auténticas y reales, y en el futuro seguiremos atrayendo mucho más, ¡todo mientras sigas siendo tú!

Ahora tengo treinta y siete años y soy siempre mi yo auténtico. Sigo haciendo el trabajo personal necesario y todavía hay momentos en los que vuelvo a caer en algunas de las estrategias poco saludables para gestionar los problemas de las que he hablado antes, pero estoy lleno de amor por mí mismo.

De hecho, como ya he mencionado, en 2021 encontré ciento setenta cosas que me gustaban de mí mismo. Apuesto a que nadie en el mundo ha encontrado tantas cosas que le gusten de sí mismo, y te reto a que superes esa cifra. Pero ojo: desde entonces lo he convertido en una práctica diaria, ¡y sigo añadiendo cosas a mi lista!

Sin embargo, como ocurre con los autocuidados de cualquier clase, a veces no podemos tocarlo todo, es demasiado agotador. Por eso tenemos que estar abiertos a los momentos y a las personas que pueden ayudarnos a cambiar nuestras vidas de la mejor manera posible.

Podemos avanzar como personas con el amor que llevamos dentro, ser nuestros propios héroes y utilizar los superpoderes que tenemos a nuestra disposición. Y también podemos generar amor y aventuras a partir del entorno y de las personas que nos rodean.

Muy bien, y ahora, con todo eso en mente: ¿qué es lo que te gusta de ti mismo?

De niño empecé con una lista corta de las cosas que me gustaban de mí mismo.

De adolescente, la lista se convirtió en una lista de las cosas que odiaba de mí mismo.

Ahora, mi lista de cosas que me gustan de mí mismo es tan larga que he perdido la cuenta del total. Va desde cosas que veo hoy hasta lo que veo cuando visualizo a mi niño interior.

Recuerda que a veces el amor por uno mismo empieza con cosas que nos gustan, y que cuando no las encontramos tampoco pasa nada. A veces no aparecen por ninguna parte, y otras veces un amigo o incluso un desconocido puede ayudarnos a encontrarlas.

Explora las cosas que puedes ver y explora las cosas que se encuentran en lo más profundo de tu ser.

Llevar un diario es muy útil para entender más claramente las cosas que te causan dolor.

Deja que te explique cómo ponerte en contacto con tu niño o niña interior, ya que para mí ha supuesto una ayuda enorme.

Para empezar, coge una foto antigua tuya. Si encuentras una de cuando estabas en una situación difícil, tenías pensamientos negativos o te sentías indigno de ser amado o avergonzado de ti mismo, eso podría serte útil. Si no, cierra los ojos y visualízate durante un periodo oscuro de tu vida.

Quiero que mires esa imagen. ¿A quién ves?

En mi caso, es al niño de catorce años que se pone delante del espejo y odia su cara.

Ahora, habla con tu niño o niña interior y pregúntale lo siguiente: ¿Qué le parece la forma en que le tratas ahora? ¿Y cómo le hace sentir?

A continuación, pregúntale lo siguiente: ¿Qué necesita de ti ahora mismo y de ahora en adelante?

Quiero que escuches a tu niño o niña interior y le des un abrazo enorme porque ¡juntos vais a ser el mayor héroe o heroína que hayáis visto en la vida!

AGRADECIMIENTOS

En primer lugar, quiero dar las gracias a las dos personas que me dieron una vida que poder vivir.

Quiero dar las gracias a mi familia por haber sentado la base más sólida para poder llenar esa vida de aventuras.

Quiero dar las gracias a todos los demás niños y niñas que compartieron un hogar conmigo, convirtiéndose en mis hermanos y hermanas.

A mis amigos y mis amigas, por estar siempre ahí, aceptando y queriendo todas las versiones de mí mismo que les ofrecía.

Quiero dar las gracias a mi peluquero, por haberme hecho por fin un corte de pelo decente.

Quiero dar las gracias a los desconocidos que me he encontrado por el camino y que me han saludado con una sonrisa.

Un fuerte abrazo a todas las madres que se han asegurado de que coma algo en los eventos. Y a los padres que siempre se han asegurado de que no me quedara sin una bebida en la mano: ya sabéis quiénes sois.

A todo el equipo de Happy Place y Ebury por apoyar este proyecto. Esto lo hemos hecho juntos.

Y, por último, un enorme agradecimiento para mí mismo.

Por ser valiente, por hacer todo eso que te daba tanto miedo, por no rendirte cuando parecía la opción más fácil, por salir en busca de aventuras, por elegir el trozo de tarta más grande, por amar todo lo que eres: un tío cojonudo con un corazón extraordinario.

Ah, y gracias a TI, la persona que ha leído este libro, por formar parte ahora tú también de mi viaje.